AF522929

Fußgängerpunkte
Markierhinweise

Bilanzsteuerrecht
EStG • EStDV • HGB • EGHGB
UmwStG • EStR/H

Dürckheim'sche Markierhinweise

Auflage 2025

Eine Sammlung wichtiger Textstellen

aus Erlassen, Gesetzen und Richtlinien

Zusammengestellt von

Steuerberater, Fachberater für Zölle und Verbrauchsteuern **Thorsten Glaubitz**

und Rechtsanwalt

Constantin von Dürckheim

ISBN 978-3-86453-332-7

www.duerckheim-register.de

Hergestellt in Deutschland

Für

Roland Wolters

Inhalt

Vorwort zur 1. Auflage

Gegen Ende der Vorbereitungen auf das Examen sieht das Gesetz meist recht bunt aus. Ältere Markierungen sind vorhanden, aktuelle stärker hervorgehoben. Das Ganze wirkt oft unübersichtlich und wenig hilfreich, um im Stress der Klausuren den richtigen Überblick zu behalten.

Doch darum geht es bei Markierungen: Wesentliches von Unwesentlichem zu trennen, Wichtiges, Zitierfähiges hervorzuheben und unwichtigen Leseballast in den Hintergrund zu drängen.

Dieser Aufgabe haben sich die Autoren Dürckheim und Glaubitz gestellt und bringen mit dieser Reihe Fußgängerpunkte erstmalig in der Geschichte der Steuerliteratur eine Markierhilfe heraus, die nach Themengebieten gegliedert aufzeigt, welche Textstellen hervorzuheben sind und welche nicht. Dieses Buch erleichtert das Markieren der in Prüfungen oft ausgepunkteten Paragrafen, Definitionen und anderen Textstellen.

Wir dürfen uns an dieser Stelle bei unseren Lektoren und Mitarbeitern bedanken, ohne die diese Bändchen nicht entstanden wären, und wünschen allen Benutzern und Benutzerinnen viel Erfolg.

Trotz aller Sorgfalt sind wir nicht vor Fehlern gefeit. Wir bitten deshalb um Nachsicht und im Einzelfall um Mitteilung, damit wir Ihre wertvollen Hinweise in der Neuauflage berücksichtigen können. lektorat@duerckheim.de

Die Autoren, München 2013

Vorwort zu dieser Auflage

Die vorliegende Auflage 2025 beinhaltet die wesentlichen Änderungen der 217. Ergänzungslieferung bei den Steuergesetzen und bei den Steuerrichtlinien die 192. Ergänzungslieferung der Beck´schen Textausgaben benutzt.
Wir dürfen uns an dieser Stelle bei unseren Lektoren und Mitarbeitern bedanken, ohne die diese Bändchen nicht entstanden wären, und wünschen allen Benutzern und Benutzerinnen viel Erfolg.
Trotz aller Sorgfalt sind wir nicht vor Fehlern gefeit. Wir bitten deshalb um Nachsicht und im Einzelfall um Mitteilung, damit wir Ihre wertvollen Hinweise in der Neuauflage berücksichtigen können. **lektorat@duerckheim.de**
Die Autoren
München im Oktober 2024

Gebrauchsanweisung

Unermüdlich produzieren unsere gesetzgebenden und rechtsprechenden Organe eine kaum überschaubare Flut von Vorschriften. Dem zum Trotz wird von den Kandidatinnen und Kandidaten in den Examina zum Steuerberater verlangt, fundierte Kenntnisse mitunter aberwitziger Einzelheiten präsent zu haben.
Dieses kleine Bändchen wurde konzipiert, zur Lichtung des undurchsichtigen Waldes von Erlassen, Gesetzen, Richtlinien, Schreiben, Urteilen und anderen Vorschriften beizutragen, indem hier zu den einzelnen Rechtsgebieten die wichtigsten Textpassagen zusammengestellt wurden.
Sind diese einmal markiert, sind sie dann schon nicht mehr so fremd und werden später in Klausuren und anderen Situationen, die erhöhte Aufmerksamkeit erfordern, leichter aufgefunden.
In den Passagen hervorgehoben, fallen die Stichworte sofort ins Auge und können dann in den Klausurtext eingearbeitet werden.

Der Aufbau der Fußgängerpunkte/Markierhilfe in drei Schritten:

In **Spalte eins** bezeichnet die Vorschrift: § 10 Abs. 1 UStG
(Beispiel aus dem Umsatzsteuerrecht, § 1 Abs. 1, Nr. 1 UStG).

In **Spalte zwei** werden **Merk- oder Stichworte aufgeführt**, die meist der sog. (nicht) amtlichen Überschrift entnommen oder von ihr abgeleitet wurden, z.B. in § 10 Abs. 1 UStG: *Bemessungsgrundlage für Lieferungen...*

In **Spalte drei** werden die Textteile aufgeführt, die es zu markieren gilt:
... ist alles, was der Leistungsempfänger aufwendet
... abzüglich Umsatzsteuer ... [6.]... (durchlaufende Posten) ... ...

Beispiel:

§ 1 Abs. 1, Nr. 1 UStG	Steuerbare Umsätze	... Lieferungen oder sonstigen Leistungen, Unternehmer, Inland, gegen Entgelt, im Rahmen seines Unternehmens ... >A 1.1. Abs. 1 >Abs. 4 UStAE

Zum schnelleren Auffinden der Textstellen helfen die

- Positionsangaben/Paragrafenziffern in **Spalte 1** und
- die Satznummern in **Spalte 3**.
- die Auslassungspunkte nebst der hochgestellten Ziffer innerhalb der zitierten Textpassage in **Spalte 3**: *...[6]... (durchlaufende Posten) ...*

Die Auslassungspunkte bedeuten, dass - wie der Name schon sagt - hier Worte oder ganze Sätze ausgelassen wurden. Die hochgestellte kleine Ziffer bezeichnet den Satz, in dem die zu markierende Textpassage zu finden ist.
Auslassungspunkte hinter einer Textpassage zeigen an, dass der Text hier noch mindestens um ein Wort weitergeht.
Beispiel:

§ 10 Abs. 1 UStG	Bemessungsgrundlage für Lieferungen	... ist alles, was der Leistungsempfänger aufwendet ... abzüglich Umsatzsteuer ... [6.].. (durchlaufende Posten) ... *> A 10.1 Abs. 3, 4 und 7 UStAE*

Die *kursiv gedruckten Ziffern und Abkürzungen* in **Spalte drei** weisen auf relevante Textpassagen in anderen Werken, meist Richtlinien oder Erlasse, hin. In einigen Bundesländern ist es gestattet, diese am Rand der Vorschrift zu kommentieren.
Beispiel:

§ 15 a Abs. 1 UStG	Berichtigung des Vorsteuerabzugs	... fünf Jahren ... Verwendung ... ursprünglichen Vorsteuerabzug maßgebenden Verhältnisse ... *> §§ 44, 45 UStDV*

		[2]Bei Grundstücken ... ein Zeitraum von zehn Jahren *> A 15a.2 Abs. 8 UStAE*

Beispiel § 10 UStG:

§ 10 Abs. 1 UStG	Bemessungsgrundlage für Lieferungen, sonstige Leistungen und innergemeinschaftliche Erwerbe	... ist alles, was der Leistungsempfänger aufwendet ... abzüglich der Umsatzsteuer. [5]... (durchlaufende Posten) ... *> A 10.1 Abs. 3, 4 und 7 UStAE*
§ 10 Abs. 2 UStG	Bemessungsgrundlage	[2]...Tausch (§ 3 Abs. 12 Satz 1), bei tauschähnlichen Umsätzen ... *> A 10.2 Abs. 7 UStAE*
§ 10 Abs. 4 UStG	Bemessungsgrundlage	Nr. 1. ... Einkaufspreis zzgl. der Nebenkosten ... Selbstkosten ... Zeitpunkt des Umsatzes; Nr. 2. ... § 3 Nr. 9. a Nr. 1. UStG nach den ... entstandenen Ausgaben, soweit sie zum vollen oder teilweisen Vorsteuerabzug berechtigt haben. [2]... Anschaffungs- und Herstellungskosten ... Nr. 3. bei sonstigen Leistungen ... Die Umsatzsteuer gehört nicht zur Bemessungsgrundlage. *> A 10.1 Abs. 3, 4 und 7 UStAE*
§ 10 Abs. 5 UStG	Bemessungsgrundlage	... Absatz 4 gilt entsprechend ... *> A 10.2. Abs. 7 UStAE* Nr. 1. ... nahestehende Personen ... Nr. 2. ... Bemessungsgrundlage nach Absatz 4 das Entgelt nach Absatz 1 übersteigt;

Ein gemäß unseren Vorgaben markierter § 10 UStG sieht dann so aus:

§ 10 Bemessungsgrundlage für Lieferungen, sonstige Leistungen und innergemeinschaftliche Erwerbe

(1) Der Umsatz wird bei Lieferungen und sonstigen Leistungen (§ 1 Abs. 1 Nr. 1 Satz 1) und bei dem innergemeinschaftlichen Erwerb (§ 1 Abs. 1 Nr. 5) nach dem Entgelt bemessen. Entgelt ist alles, was der Leistungsempfänger aufwendet, um die Leistung zu erhalten, jedoch abzüglich der Umsatzsteuer. Zum Entgelt gehört auch, was ein anderer als der Leistungsempfänger dem Unternehmer für die Leistung gewährt. Bei dem innergemeinschaftlichen Erwerb sind Verbrauchsteuern, die vom Erwerber geschuldet oder entrichtet werden, in die Bemessungsgrundlage einzubeziehen. Bei Lieferungen und dem innergemeinschaftlichen Erwerb im Sinne des § 4 Nr. 4a Satz 1 Buchstabe a Satz 2 sind die Kosten für die Leistungen im Sinne des § 4 Nr. 4a Satz 1 Buchstabe b und die vom Auslagerer geschuldeten oder entrichteten Verbrauchsteuern in die Bemessungsgrundlage einzubeziehen. Die Beträge, die der Unternehmer im Namen und für Rechnung eines anderen vereinnahmt und verausgabt (durchlaufende Posten), gehören nicht zum Entgelt.

(2) Werden Rechte übertragen, die mit dem Besitz eines Pfandscheins verbunden sind, so gilt als vereinbartes Entgelt der Preis des Pfandscheins zuzüglich der Pfandsumme. Beim Tausch (§ 3 Abs. 12 Satz 1), bei tauschähnlichen Umsätzen (§ 3 Abs. 12 Satz 2) und bei Hingabe an Zahlungs statt gilt der Wert jedes Umsatzes als Entgelt für den anderen Umsatz. Die Umsatzsteuer gehört nicht zum Entgelt.

(3) (weggefallen)

(4) Der Umsatz wird bemessen

1. bei dem Verbringen eines Gegenstands im Sinne des § 1a Abs. 2 und des § 3 Abs. 1a sowie bei Lieferungen im Sinne des § 3 Abs. 1b nach dem Einkaufspreis zuzüglich der Nebenkosten für den Gegenstand oder für einen gleichartigen Gegenstand oder mangels eines Einkaufspreises nach den Selbstkosten, jeweils zum Zeitpunkt des Umsatzes;

2. bei sonstigen Leistungen im Sinne des § 3 Abs. 9a Nr. 1 nach den bei der Abführung dieser Umsätze entstandenen Ausgaben, soweit sie zum vollen oder teilweisen Vorsteuerabzug berechtigt haben. Zu diesen Ausgaben gehören auch die Anschaffungs- oder Herstellungskosten eines Wirtschaftsguts, soweit das Wirtschaftsgut dem Unternehmen zugeordnet ist und für die Erbringung der sonstigen Leistung verwendet wird. Betragen die Anschaffungs- oder Herstellungskosten mindestens 500 Euro, sind sie gleichmäßig auf einen Zeitraum zu verteilen, der

dem für das Wirtschaftsgut maßgeblichen Berichtigungszeitraum nach § 15a entspricht;

3. bei sonstigen Leistungen im Sinne des § 3 Abs. 9a Nr. 2 nach den bei der Ausführung dieser Umsätze entstandenen Ausgaben. Satz 1 Nr. 2 Sätze 2 und 3 gilt entsprechend.

Die Umsatzsteuer gehört nicht zur Bemessungsgrundlage.

(5) Absatz 4 gilt entsprechend für

1. Lieferungen und sonstige Leistungen, die Körperschaften und Personenvereinigungen im Sinne des § 1 Abs. 1 Nr. 1 bis 5 des Körperschaftsteuergesetzes, nichtrechtsfähige Personenvereinigungen sowie Gemeinschaften im Rahmen ihres Unternehmens an ihre Anteilseigner, Gesellschafter, Mitglieder, Teilhaber oder diesen nahen stehenden Personen sowie Einzelunternehmer an ihnen nahestehende Personen ausführen,

2.Lieferungen und sonstige Leistungen, die ein Unternehmer an sein Personal oder dessen Angehörige auf Grund des Dienstverhältnisses ausführt,

wenn die Bemessungsgrundlage nach Absatz 4 das Entgelt nach Absatz 1 übersteigt.

(...)

Praktische Hinweise

Welcher Stift?
Auch hier zeigt die Erfahrung, dass Dünndruckpapier bei *Faserschreibgeräten (Filzstifte, Textmarker auf Flüssigkeitsbasis)* aufwellt und die Farbe rückseitig durchschlägt. Da erscheinen Buntstifte brauchbarer. Nach einigem Herumprobieren fanden wir recht schnell zwei Artikel, die unseren Anforderungen gerecht wurden.

FABER Textliner 1148
Produktbeschreibung des Herstellers:
„Trockentextmarker in neongelb, neongrün, pink, orange und blau. Ausführung Schaft: Holz, ergonomische Dreikantform, 175 mm, Schaft lackiert, Lackierung auf Wasserbasis gegeben. Extradicke, weiche, leuchtstarke Mine für alle gängigen Normal- und Spezialpapiere. Stärke der Mine: 5,4"

Nach unserer Wertung ist die Leuchtkraft in Ordnung, ansonsten bleibt der Text lesbar wie bei den sonst üblichen Faserschreibgeräten. Umweltfreundliches Produkt, günstig und lange verwendbar.

Nachteile: Bei frisch gedrucktem oder geschriebenem Text oder schwierigem Papier kann es passieren, dass die Schrift leicht verwischt. Zur deutlichen Kennzeichnung ganzer Sätze oder Stichworte sind ggf. mindestens zwei Übermalungen/Striche nötig.

STABILO Woody 880/205

Herstellerangaben:
„Der Stabilo Woody ist Farbstift, Wassermalfarbe und Wachsmalkreide! Mit der extradicken, bruchsicheren 10 mm Mine zaubern Kinderhände satte Farben auf große Flächen auch dunkler Papiere. Die samtweiche ölhaltige Mine ermöglicht auch das Bemalen von glatten Flächen z.B. Glas. Mit Wasser und Pinsel eröffnen sich viele kreative Möglichkeiten. Stiftbedruckung in Minenfarbe."

Nun benutzen die Stifte hier keine Kinderhände. Aber die dem Stift innewohnenden Eigenschaften lassen sich sehr gut auf dem glatten Papier der Gesetzessammlungen anwenden. Wir hoffen, dass die Holzummantelung aus nachhaltiger Waldbewirtschaftung kommt, wissen es aber nicht. Aber Holz ist unserer Ansicht nach immer noch besser als Kunststoff.

Die Mine ist wirklich sehr groß bzw. dick, sprich XXL. Es können damit die Sätze oder Stichworte bequem mit einem einzigen Strich markiert werden. Besonders bezeichnend und im Vergleich zu üblichen Farbstiften sehr eindrucksvoll sind der satte Farbanstrich und die hohe Deckfähigkeit. Auch die Lauffähigkeit ist dank der öligen Konsistenz des Farbmaterials der Mine angenehm geschmeidig.

Fazit: Der handliche Stift hat angenehme Deck- und Leuchteigenschaften und drückt nicht durch. Mit Woody markieren Sie mit einem Strich Vorder- und Rückseiten problemlos. Er ist durch geringen Minenabrieb lange verwendbar und passt mit 11 cm Länge/Kürze in jede Schreibmappe.

Leider wird ein extra Anspitzer für ca. 3,50 EUR benötigt. Bisweilen erscheinen die Buchstaben durch die Übermalung mit dem Stift minimal „ausgeblichen". Schließlich finden wir den ganzen Stift vielleicht etwas kurz geraten, was sich besonders nach mehrmaligem Spitzen bemerkbar macht. Aber die meisten Fasertextmarker sind auch nicht länger.

STABILO GREENlighter

Herstellerangaben:

Ergonomischer Dreikant Leuchtmarker mit Mattlackierung. Zu 100% aus streng kontrolliertem FSC-zertifiziertem Holz. Gleitet leicht über die verschiedensten Papiere und ermöglicht schnelles Markieren. An Farben sind leuchtendes Gelb, Grün oder Pink erhältlich. Die Mine hat 5 mm Durchmesser und eignet sich für handelsübliche Jumbospitzer.

Grundsätzlich gilt das oben zum STABILO Woody Gesagte. Aber der Stift ist insgesamt filigraner. Dadurch meint man, der von vorn herein schon recht kurz geratende Stift läge etwas unsicher in der Hand. Ein Manko, das durch die Dreikantstruktur aufgefangen wird. Überzeugt hat uns die Umweltkomponente.

Farbwahl?
Wir haben die Frage der Farbwahl diskutiert und sind zu keinem eindeutigen Ergebnis gekommen. Einigen erscheint es sinnvoll, einem Themengebiet eine Farbe zuzuordnen, etwa Gelb für Ertragssteuerrecht, Grün für Erbschaftssteuerrecht und Bewertung. Problematisch wird dies bei Textpassagen, die von mehreren Bereichen gemeinsam abgedeckt werden.

Deshalb werden wir auch keine Empfehlung dazu aussprechen. Einfarbig, mehrfarbig, farbig nach Themengebieten (Ertragsteuerrecht, Umsatzsteuerrecht), farbig nach Gesetz/Richtlinienart. Jeder hat da seine eigenen Präferenzen. Letztlich fanden wir die Ergebnisse, die die Verwendung einer einzigen Farbe hinterlässt, am übersichtlichsten.

Benutzen Sie zum Markieren ein Lineal oder eine EC-Karte. Das Ergebnis sieht nicht nur besser aus, Sie gehen damit auch sicher, dass Sie nicht in eine falsche Zeile rutschen.

Quellen der Gesetzes-, Richtlinien-, Erlass- und Hinweistexte:
http://www.steuerlinks.de
http://www.juris.de
C.H.Beck'sche Textsammlungen, Verlag C. H. Beck, München
Stand: Oktober 2024

Einkommenssteuergesetz (EStG)

§ 4 Abs. 1 EStG	Gewinnbegriff im Allgemeinen Bilanzierung	Gewinn ... Betriebsvermögen am Schluss des Wirtschaftsjahres und dem Betriebsvermögen am Schluss des vorangegangenen Wirtschaftsjahres, vermehrt um den Wert der Entnahmen und vermindert um den Wert der Einlagen. ... [3] ... Entnahme für betriebsfremde Zwecke steht der Ausschluss oder die Beschränkung des Besteuerungsrechts der Bundesrepublik Deutschland hinsichtlich des Gewinns aus der Veräußerung oder der Nutzung eines Wirtschaftsguts gleich. *> R 4.2. Abs. 1, 2, 3, 4, 7, 8, 9, 10, 11, 12 EStR*
§ 4 Abs. 2 EStG	Gewinnbegriff im Allgemeinen Bilanzänderung	... Steuerpflichtige ... (Bilanz) auch nach ihrer Einreichung beim Finanzamt ändern ... unter Befolgung der Vorschriften dieses Gesetzes nicht entspricht ... die nicht mehr aufgehoben oder geändert werden kann. *> R 4.4 Abs. 1 EStR*
§ 4 Abs. 2 EStG	Gewinnbegriff im Allgemeinen Bilanzänderung – Zeit	[2] ... Änderung ... (Bilanz) nur zulässig ... in einem engen zeitlichen und sachlichen Zusammenhang mit einer Änderung nach Satz 1 steht und soweit die Auswirkung der Änderung nach Satz 1 auf den Gewinn reicht.

§ 4 Abs. 4a EStG	Gewinnbegriff im Allgemeinen Überentnahmen	... Überentnahmen getätigt worden sind. [2] ... Entnahmen die Summe des Gewinns und der Einlagen des Wirtschaftsjahres übersteigen. [3] ... Überentnahme des Wirtschaftsjahres zuzüglich der Überentnahmen vorangegangener Wirtschaftsjahre ... [4] ... 2050 Euro verminderte Betrag ... ist dem Gewinn hinzuzurechnen. [5] ... Abzug von Schuldzinsen ... von Wirtschaftsgütern des Anlagevermögens bleibt unberührt.
§ 4 Abs. 5 EStG	Gewinnbegriff im Allgemeinen Geschenke	Nr. 1. ... Geschenke an ... nicht Arbeitnehmer *> R 4.10 Abs. 4 EStR*
§ 4 Abs. 5 EStG	Gewinnbegriff im Allgemeinen Bewirtung	Nr. 2. ... Bewirtung von Personen aus geschäftlichem Anlass ...
§ 4 Abs. 5 EStG	Gewinnbegriff im Allgemeinen Gasthäuser	Nr. 3. ... (Gästehäuser) ...
§ 4 Abs. 5 EStG	Gewinnbegriff im Allgemeinen Jagd	Nr. 4. ... Jagd ... Fischerei ... Segeljachten ...
§ 4 Abs. 5 EStG	Gewinnbegriff im Allgemeinen Verpflegungs- mehraufwendungen	Nr. 5. Mehraufwendungen für die Verpflegung ...

§ 4 Abs. 5 EStG	Gewinnbegriff im Allgemeinen Entfernungs-kilometer	Nr. 6. ... Wege ... zwischen Wohnung und Betriebsstätte ...
§ 4 Abs. 5 EStG	Gewinnbegriff im Allgemeinen Doppelte Haushalts-führung	Nr. 6a. ... Mehraufwendungen ... betrieblich veranlasste doppelte Haushaltsführung ...
§ 4 Abs. 5 EStG	Gewinnbegriff im Allgemeinen Arbeitszimmer	Nr. 6b. ... häusliches Arbeitszimmer ... [2] ... [3] ... 1260 Euro **Bis 31.12.2021** [4] ...kein häusliches Arbeitszimmer ... einen Betrag von 5 Euro abziehen, höchstens 1250 Euro ...
§ 4 Abs. 5 EStG	Gewinnbegriff im Allgemeinen Lebensführung	Nr. 7. ... Aufwendungen ... Lebensführung ...
§ 4 Abs. 5 EStG	Gewinnbegriff im Allgemeinen Geldbuße	Nr. 8. ... Geldbußen, Ordnungsgelder und Verwarnungsgelder. *> R 4.13 Abs.1, 2, 3 EStR*
§ 4 Abs. 5 EStG	Gewinnbegriff im Allgemeinen Hinterzogene Steuern	Nr. 8a. ... hinterzogene Steuern nach § 235 der Abgabenordnung;
§ 4 Abs. 5 EStG	Gewinnbegriff im Allgemeinen	Nr. 9. Ausgleichszahlungen ... außenstehende

	Ausgleichzahlungen	Anteilseigner ...
§ 4 Abs. 5 EStG	Gewinnbegriff im Allgemeinen Geldbuße	Nr. 10. ... Tatbestand eines Strafgesetzes ... Ahndung mit einer Geldbuße ...
§ 4 Abs. 5 EStG	Gewinnbegriff im Allgemeinen Vorteile	Nr. 11. ... nicht einlagefähigen Vorteilen an natürliche oder juristische Personen ...
§ 4 Abs. 5	Gewinnbegriff im Allgemeinen Zuschläge	Nr. 12. Zuschläge nach § 162 Absatz 4 der Abgabenordnung;
§ 4 Abs. 5 EStG	Gewinnbegriff im Allgemeinen Restrukturierungsgesetz	Nr. 13. Jahresbeiträge nach § 12 Absatz 2 des Restrukturierungsfondsgesetzes.
§ 4 Abs. 5 EStG	Gewinnbegriff im Allgemeinen Ausnahme	[2] ... gilt nicht, soweit die in den Nummern 2 bis 4 bezeichneten Zwecke Gegenstand einer mit Gewinnabsicht ausgeübten Betätigung des Steuerpflichtigen sind.
§ 4 Abs. 5b EStG	Gewinnbegriff im Allgemeinen Gewerbesteuer	... Gewerbesteuer und die darauf entfallenden Nebenleistungen ...
§ 4 Abs. 6 EStG	Gewinnbegriff im Allgemeinen Staatspolitischer Zweck	... staatspolitischer Zwecke (§ 10b Absatz 2) sind keine Betriebsausgaben.
§ 4a Abs. 2 EStG	Gewinnermittlungszeitraum, Wirtschaftsjahr	... Weise zu berücksichtigen:

§ 4a Abs. 2 EStG	Gewinnermittlungs-zeitraum endet	Nr. 2. ... Gewerbetreibenden ... in dem das Wirtschaftsjahr endet.
§ 4g Abs. 1 EStG	Bildung eines Ausgleichspostens bei Entnahme nach § 4 Absatz 1 Satz 3 Wahlrecht	... kann ... Buchwert und dem nach § 6 Absatz 1 Nummer 4 Satz 1 zweiter Halbsatz ... Wirtschaftsguts des Anlagevermögens auf Antrag einen Ausgleichsposten bilden ... desselben Steuerpflichtigen ... ... [3] ... unwirderruflich... ... [4] Die Vorschriften des Umwandlungssteuergesetzes bleiben unberührt.
§ 4g Abs. 2 EStG	Ausgleichsposten Auflösung	... ist im Wirtschaftsjahr der Bildung und in den vier folgenden Wirtschaftsjahren zu jeweils einem Fünftel gewinnerhöhend aufzulösen.
§ 4g Abs. 4 EStG	Auflösungsbeträge Gemeiner Wert	... Ermittlung des Überschusses der Betriebseinnahmen über die Betriebsausgaben gemäß § 4 Absatz 3. [2]Wirtschaftsgüter, für die ein Ausgleichsposten nach Absatz 1 gebildet worden ist,
§ 4g Abs. 6 EStG	Brexit	Absatz 2 Satz 2 Nummer 2 und Absatz 3 .... Austritt des Vereinigten Königreichs Großbritannien
§ 4h Abs. 1	Betriebsausgaben-abzug für Zinsaufwendungen Zinsschranke	... abziehbar in Höhe des Zinsertrags ... des verrechenbaren EBITDA. [2] Das verrechenbare EBITDA ist 30 Prozent des um die Zinsaufwendungen und um die

		nach § 6 Absatz 2 Satz 1 abzuziehenden ... [3] ... verrechenbare EBITDA die um die Zinserträge geminderten Zinsaufwendungen des Betriebs (Nettozinsaufwendungen), ist es in die folgenden fünf Wirtschaftsjahre vorzutragen ...
§ 4h Abs. 2 EStG § 4h Abs. 2 EStG	Zinsschranke Ausnahme Betriebsausgabenabzug für Zinsaufwendungen (Zinsschranke) Konzernklausel	... nicht anzuwenden ... a) ... drei Millionen Euro ... b) ... nahesteht und über keine Betriebsstätte außerhalb des Staates verfügt, in dem sich sein Wohnsitz, gewöhnlicher Aufenthalt, Sitz oder seine Geschäftsleitung befindet c) ... zu einem Konzern gehört und seine Eigenkapitalquote am Schluss des vorangegangenen Abschlussstichtages gleich hoch oder höher ist als die des Konzerns (Eigenkapitalvergleich). [2] ... Unterschreiten ... bis zu zwei Prozentpunkte ist unschädlich. [3] Eigenkapitalquote ist das Verhältnis des Eigenkapitals zur Bilanzsumme;
§ 4h Abs. 3 EStG	Betrieb gehört zu einem Konzern Voraussetzungen	... [4] ...zu einem Konzern, wenn er nach dem für die Anwendung des Absatzes 2 Satz 1 Buchstabe c zugrunde gelegten Rechnungslegungsstandard mit einem oder mehreren anderen Betrieben
§ 4h Abs. 4	EBITDA-Vortrag	Der EBITDA-Vortrag und der Zinsvortrag

EStG	Gesonderte Feststellung	sind gesondert festzustellen.
§ 4i EStG	Sonderbetriebsausgabenabzug	... Steuerbemessungsgrundlage in einem anderen Staat mindern ...
§ 5 Abs. 1 EStG	Gewinn bei Kaufleuten und bei bestimmten anderen Gewerbetreibenden Aufzeichnungspflicht	... es sei denn, im Rahmen der Ausübung eines steuerlichen Wahlrechts wird oder wurde ein anderer Ansatz gewählt. *> R 5.4. Abs. 3 EStR* [2] ... Wirtschaftsgüter, die nicht mit dem handelsrechtlich maßgeblichen Wert in der steuerlichen Gewinnermittlung ausgewiesen werden, in besondere, laufend zu führende Verzeichnisse aufgenommen werden.
§ 5 Abs. 2 EStG	immaterielle Wirtschaftsgüter Entgeltlich	... immaterielle Wirtschaftsgüter des Anlagevermögens ist ein Aktivposten nur anzusetzen, wenn sie entgeltlich erworben wurden. *> R 5.5.Abs. 2 EStR*
§ 5 Abs. 2a EStG	Gewinn bei Kaufleuten und bei bestimmten anderen Gewerbetreibenden Erfüllungszeitpunkt	... Verpflichtungen, die nur zu erfüllen sind ... sind Verbindlichkeiten oder Rückstellungen erst anzusetzen, wenn die Einnahmen oder Gewinne angefallen sind.
§ 5 Abs. 4a EStG	Rückstellungen ... drohende Verluste Drohverlustrückstellung	Rückstellungen ... drohende Verluste aus schwebenden Geschäften dürfen nicht gebildet werden. [2] Das gilt nicht für Ergebnisse nach Absatz 1a Satz 2. *> R 5.7 Abs. 2, 4, 5, 10, 11, 13 EStR*

§ 5 Abs. 4b EStG	als Anschaffungs- und Herstellungskosten AK/HK	... künftigen Wirtschaftsjahren als Anschaffungs- und Herstellungskosten eines Wirtschaftsguts zu aktivieren sind, dürfen nicht gebildet werden. ...[2]... radioaktiver Reststoffe
§ 5 Abs. 5 EStG	Rechnungsabgrenzungsposten RAP	... Rechnungsabgrenzungsposten sind nur anzusetzen *> R 5.6. Abs. 3 EStR* Nr. 1. ... Aktivseite Ausgaben vor dem Abschlussstichtag, ... Aufwand für eine bestimmte Zeit nach diesem Tag ...
§ 5 Abs. 5 EStG	Passivseite Einnahmen	Nr. 2. ... Passivseite Einnahmen vor dem Abschlussstichtag ... Ertrag für eine bestimmte Zeit nach diesem Tag ...
§ 5 Abs. 5 EStG	Aktivseite Aufwand ... Zölle und Verbrauchsteuern	[2] ... Aktivseite sind ferner anzusetzen Nr. 1. ... Aufwand ... Zölle und Verbrauchsteuern ... Abschlussstichtag auszuweisende Wirtschaftsgüter des Vorratsvermögens ...
§ 5 Abs. 5 EStG	Aufwand Umsatzsteuer	Nr. 2. ... Aufwand ... Umsatzsteuer ... Abschlussstichtag auszuweisende Anzahlung.
§ 5 Abs. 6 EStG	Gewinn	... über die Zulässigkeit der Bilanzänderung, über die Betriebsausgaben, über die Bewertung und über die Absetzung für

		Abnutzung oder Substanzverringerung sind zu befolgen.
§ 5b Abs. 1 EStG	Elektronische Übermittlung von Bilanzen sowie Gewinn- und Verlustrechnungen	... durch Datenfernübertragung zu übermitteln.
§ 6 Abs. 1 EStG	Bewertung Einzelbewertung	... einzelnen Wirtschaftsgüter ... sind, gilt das Folgende: *> R 6.1., R 6.2 EStR*
§ 6 Abs. 1 EStG	Bewertung Anlagevermögen Teilwert	Nr. 1. ... Anlagevermögens ... sind ... Abzüge nach § 6b ... [2] ... Teilwert ... voraussichtlich dauernden Wertminderung niedriger, so kann dieser angesetzt werden. [3] Teilwert ist der Betrag, den ein Erwerber des ganzen Betriebs im Rahmen des Gesamtkaufpreises für das einzelne Wirtschaftsgut ansetzen würde; dabei ist davon auszugehen, dass der Erwerber den Betrieb fortführt.
§ 6 Abs. 1 EStG	Bewertung Nachträgliche Anschaffungskosten-Gebäude	Nr. 1a. ... Herstellungskosten eines Gebäudes ... von drei Jahren ... ohne die Umsatzsteuer 15 Prozent der Anschaffungskosten des Gebäudes übersteigen (anschaffungsnahe Herstellungskosten).

§ 6 Abs. 1 EStG	Bewertung Grund und Boden, Beteiligungen dauernden Wert-minderung	Nr. 2. ... (Grund und Boden, Beteiligungen, Umlaufvermögen) sind mit den Anschaffungs- oder Herstellungskosten ... vermindert um Abzüge nach § 6b und ähnliche Abzüge ... [2] ...voraussichtlich dauernden Wertminderung niedriger, so kann dieser angesetzt werden.
§ 6 Abs. 1 EStG	Bewertung zuerst verbraucht oder veräußert Vorratsbewertung Vorratsbestand	Nr. 2a. ... dass die zuletzt angeschafften oder hergestellten Wirtschaftsgüter zuerst verbraucht oder veräußert worden sind ... [2] Der Vorratsbestand am Schluss des Wirtschaftsjahres, das der erstmaligen Anwendung der Bewertung nach Satz 1 vorangeht, gilt mit seinem Bilanzansatz als erster Zugang des neuen Wirtschaftsjahres. *> R 6.8, R 6.9. Abs. 4 EStR*
§ 6 Abs. 1 EStG	Bewertung Verbindlichkeiten ... Zinssatz Abzinsung	Nr. 3. Verbindlichkeiten ...
§ 6 Abs. 1 EStG	Bewertung Verbindlichkeiten ... Zinssatz Abzinsung	Nr. 3a. a) ... gleichartige Verpflichtungen ...
§ 6 Abs. 1 EStG	Bewertung Verbindlichkeiten ... Zinssatz Abzinsung	Nr. 3a. b) ... Sachleistungsverpflichtungen ...

§ 6 Abs. 1 EStG	Bewertung Raten	d) ... laufende Betrieb ursächlich ist, sind zeitanteilig in gleichen Raten anzusammeln.
§ 6 Abs. 1 EStG	Bewertung Zinssatz Sachleistungsverpflichtungen	e) ... Zinssatz von 5,5 Prozent abzuzinsen ... [2] ... Sachleistungsverpflichtungen ist der Zeitraum bis zum Beginn der Erfüllung maßgebend.
§ 6 Abs. 1 EStG	Bewertung Wertverhältnisse Kostensteigerungen	f) ... Bewertung sind die Wertverhältnisse am Bilanzstichtag maßgebend; künftige Preis- und Kostensteigerungen dürfen nicht berücksichtigt werden.
§ 6 Abs. 1 EStG	Bewertung Entnahmen - Teilwert - gemeiner Wert	Nr. 4. Entnahmen ... für seinen Haushalt oder für andere betriebsfremde Zwecke sind mit dem Teilwert anzusetzen; in den Fällen des § 4 Absatz 1 Satz 3 ist die Entnahme mit dem gemeinen Wert anzusetzen. ...[2]... Hybridelektrofahrzeugen,
§ 6 Abs. 1 EStG	Bewertung Teilwert, Zuführung	Nr. 5. ... Teilwert für den Zeitpunkt der Zuführung ... höchstens mit den Anschaffungs- oder Herstellungskosten ...
§ 6 Abs. 1 EStG	Bewertung Zeitpunkt Zuführung	a) innerhalb der letzten drei Jahren vor dem Zeitpunkt der Zuführung aus dem Privatvermögen angeschafft oder hergestellt worden ist,

§ 6 Abs. 1 EStG	Bewertung Kapital-gesellschaften	b) … Kapitalgesellschaft ist … im Sinne des § 17 Absatz 1 oder Absatz 6 beteiligt ist …
§ 6 Abs. 1 EStG	Bewertung Veräußerung	c) ein Wirtschaftsgut im Sinne des § 20 Absatz 2 oder im Sinne des § 2 Absatz 4 des Investmentsteuergesetzes ist.
§ 6 Abs. 1 EStG	Bewertung Einlage	[2] … Einlage ein abnutzbares Wirtschaftsgut, so sind die Anschaffungs- oder Herstellungskosten um Absetzungen für Abnutzung zu kürzen …
§ 6 Abs. 1 EStG	Bewertung Gemeiner Wert	Nr. 5a. … § 4 Absatz 1 Satz 8 zweiter Halbsatz ist das Wirtschaftsgut mit dem gemeinen Wert anzusetzen.
§ 6 Abs. 2 EStG	Bewertung bewegliche WG	… abnutzbaren beweglichen Wirtschaftsgütern des Anlagevermögens, die einer selbständigen Nutzung fähig sind, können im Wirtschaftsjahr der Anschaffung, Herstellung oder Einlage … in voller Höhe als Betriebsausgabe abgezogen werden, … vermindert um den darin enthaltenen Vorsteuerbetrag … für das einzelne Wirtschaftsgut 410 Euro (ab 1.1.2018 800 EUR) nicht übersteigen.
§ 6 Abs. 2a EStG	Bewertung Sammelposten	Abweichend von Absatz 2 Satz 1 kann für die abnutzbaren beweglichen Wirtschaftsgüter des Anlagevermögens, die einer selbständigen Nutzung fähig sind, im Wirtschaftsjahr der Anschaffung, Herstellung oder Einlage des Wirtschaftsguts

		oder der Eröffnung des Betriebs ein Sammelposten gebildet werden, wenn die Anschaffungs- oder Herstellungskosten, vermindert um einen darin enthaltenen Vorsteuerbetrag (§ 9b Absatz 1), oder der nach Absatz 1 Nummer 5 bis 6 an deren Stelle tretende Wert für das einzelne Wirtschaftsgut 250 Euro, aber nicht 1 000 Euro übersteigen. [2]Der Sammelposten ist im Wirtschaftsjahr der Bildung und den folgenden vier Wirtschaftsjahren mit jeweils einem Fünftel gewinnmindernd aufzulösen..
§ 6 Abs. 3 EStG	Bewertung Betrieb, ein Teilbetrieb oder der Anteil	... Betrieb, ein Teilbetrieb oder der Anteil eines Mitunternehmers an einem Betrieb unentgeltlich übertragen ... natürlichen Person in ein bestehendes Einzelunternehmen ... [2] ... über einen Zeitraum von mindestens fünf Jahren nicht veräußert oder aufgibt.
§ 6 Abs. 4 EStG	Bewertung einzelnes Wirtschaftsgut	... einzelnes Wirtschaftsgut ... unentgeltlich in das Betriebsvermögen eines anderen Steuerpflichtigen übertragen, gilt sein gemeiner Wert für das aufnehmende Betriebsvermögen als Anschaffungskosten.
§ 6 Abs. 5 EStG	Bewertung ein anderes Betriebsvermögen desselben Steuer-	Wird ein einzelnes Wirtschaftsgut von einem Betriebsvermögen in ein anderes Betriebsvermögen desselben Steuerpflichtigen überführt ... der Wert anzusetzen,

	pflichtigen Mitunternehmer-schaft	der ... sofern die Besteuerung der stillen Reserven sichergestellt ist ... [2] ...Mitunternehmerschaft ... desselben Steuerpflichtigen ...
§ 6 Abs. 5 EStG	Bewertung	Nr. 1. unentgeltlich oder gegen ... Gesellschafts-rechten ... Betriebsvermögen ... in das Gesamthandsvermögen einer Mitunter-nehmerschaft und umgekehrt,
§ 6 Abs. 5 EStG	Bewertung Gesellschaftsrechte	Nr. 2. unentgeltlich oder gegen ... Gesellschafts-rechten ... Sonderbetriebsvermögen ... in das Gesamthandsvermögen derselben Mitunternehmerschaft ... an der er betei-ligt ist, und umgekehrt oder
§ 6 Abs. 5 EStG	Bewertung Sonderbetriebs-vermögen	Nr. 3. unentgeltlich ... Sonderbetriebsvermögen verschiedener Mitunternehmer derselben Mitunternehmerschaft
§ 6 Abs. 5 EStG	Bewertung Ergänzungsbilanz	[3] ... übertragen ... [4] ... übertragene Wirtschaftsgut ... Sperr-frist ... Übertragung der Teilwert anzuset-zen ... Erstellung ... Ergänzungsbilanz dem übertragenden Gesellschafter zugeordnet ... Sperrfrist endet drei Jahre nach Abgabe der Steuererklärung des Übertragenden für den Veranlagungszeitraum, in dem die in Satz 3 bezeichnete Übertragung erfolgt ist. [5] ... Teilwert ist auch ... Anteil einer Kör-

		perschaft, Personenvereinigung oder Vermögensmasse ... unmittelbar oder mittelbar ... [6] ... innerhalb von sieben Jahren ... übertragenen Wirtschaftsgut ...
§ 6 Abs. 6 EStG	Bewertung Tausch	... des Tausches übertragen ... Anschaffungskosten ... gemeinen Wert des hingegebenen Wirtschaftsguts. [2] ... Wege der verdeckten Einlage, erhöhen sich die Anschaffungskosten ... um den Teilwert des eingelegten Wirtschaftsguts. [3] In den Fällen des Absatzes 1 Nummer 5 Satz 1 Buchstabe a erhöhen sich die Anschaffungskosten im Sinne des Satzes 2 um den Einlagewert des Wirtschaftsguts. [4] Absatz 5 bleibt unberührt.
§ 6a Abs. 1 EStG	Pensionsrückstellungen	... nur gebildet werden, wenn und soweit
§ 6a Abs. 1 EStG	Rechtsanspruch	Nr. 1. ... Rechtsanspruch auf einmalige oder laufende Pensionsleistungen ...
§ 6a Abs. 1 EStG	Gewinnabhängige Bezüge	Nr. 2. ... Abhängigkeit von künftigen gewinnabhängigen Bezügen vorsieht und keinen Vorbehalt ...
§ 6a Abs. 1 EStG	Pensionsrückstellungen schriftlich	Nr. 3. ... schriftlich erteilt ...

§ 6a Abs. 2 EStG	Pensions-rückstellungen	Nr. 1. ... Wirtschaftsjahr ... frühestens jedoch... a) erstmals nach dem 31. Dezember 2017 zugesagt ... 23. Lebensjahr b) erstmals nach dem 31. Dezember 2008 und vor dem 1.1.2018 zugesagt ... 27. Lebensjahr c) erstmals nach dem 31. Dezember 2000 und vor dem 1.1.2009 zugesagt ... 28. Lebensjahr d) erstmals vor dem 1. Januar 2001 zugesagt und das 30. Lebensjahr vollendet ... unverfallbar wird, *> R 6 a Abs. 8 EStR*
§ 6a Abs. 2 EStG	Versorgung	Nr. 2. ... Versorgungsfalls ...
§ 6a Abs. 3 EStG	Pensions-rückstellungen Teilwert	[2] ...Teilwert der Pensionsverpflichtung ...
§ 6a Abs. 4	Pensions-rückstellungen Unterschied	... Wirtschaftsjahr höchstens um den Unterschied zwischen dem Teilwert der Pensionsverpflichtung am Schluss des Wirtschaftsjahres und am Schluss des vorangegangenen Wirtschaftsjahres erhöht werden.
§ 6a Abs. 4 EStG	Pensions-rückstellungen Drei Wirtschaftsjahre	[2] ... auf mindestens drei Wirtschaftsjahre gleichmäßig verteilt der Pensionsrückstellung zugeführt werden ...

§ 6b Abs. 1 EStG	Übertragung stiller Reserven bei der Veräußerung bestimmter Anlagegüter	... veräußern, können im Wirtschaftsjahr der Veräußerung ... oder im vorangegangenen Wirtschaftsjahr angeschafft oder hergestellt ... entstandenen Gewinns abziehen.
§ 6b Abs. 1 EStG	Grund und Boden	Nr. 1. Grund und Boden ... Grund und Boden ...
§ 6b Abs. 1 EStG	Aufwuchs	Nr. 2. Aufwuchs auf Grund und Boden ... Aufwuchs auf Grund und Boden ...
§ 6b Abs. 1 EStG	Grund und Boden Gebäuden Aufwuchs	Nr. 3. Gebäuden, soweit der Gewinn ... von Grund und Boden, von Aufwuchs auf Grund und Boden mit dem dazugehörigen Grund und Boden oder Gebäuden entstanden ist, oder ...
§ 6b Abs. 1 EStG	Binnenschiffe	Nr. 4. Binnenschiffen ... Binnenschiffen ...
§ 6b Abs. 2 EStG	Gewinn	Gewinn ... Veräußerungspreis nach Abzug der Veräußerungskosten den Buchwert übersteigt ...
§ 6b Abs. 3 EStG	Rücklage	... den Abzug nach Absatz 1 nicht vorgenommen haben, können sie ... eine den steuerlichen Gewinn mindernde Rücklage bilden. [2] Bis zur Höhe dieser Rücklage können sie von den Anschaffungs- oder Herstellungskosten der in Absatz 1 Satz 2 bezeichneten Wirtschaftsgüter, die in den folgenden

		vier Wirtschaftsjahren angeschafft oder hergestellt worden sind, im Wirtschaftsjahr ihrer Anschaffung oder Herstellung einen Betrag ... abziehen. [3]... Frist von vier Jahren verlängert sich bei neu hergestellten Gebäuden auf sechs Jahre ... ... [5] ... Rücklage am Schluss des vierten auf ihre Bildung folgenden Wirtschaftsjahres noch vorhanden, so ist sie in diesem Zeitpunkt gewinnerhöhend aufzulösen, soweit nicht ein Abzug von den Herstellungskosten von Gebäuden in Betracht kommt ... Bildung folgenden Wirtschaftsjahres ...
§ 6b Abs. 4 EStG	Übertragung stiller Reserven bei der Veräußerung bestimmter Anlagegüter sechs Jahre zum Anlagevermögen gehört	Voraussetzung ... Nr. 1. ... § 4 Absatz 1 oder § 5 ermittelt, Nr. 2. ... mindestens sechs Jahre ununterbrochen zum Anlagevermögen einer inländischen Betriebsstätte gehört haben,
§ 6b Abs. 4 EStG	angeschafften oder hergestellten Wirtschaftsgüter zum AV	Nr. 3. ... angeschafften oder hergestellten Wirtschaftsgüter zum Anlagevermögen einer inländischen Betriebsstätte ...
§ 6b Abs. 4 EStG	Veräußerung	Nr. 4. ... Veräußerung ... steuerpflichtigen Gewinns ...

§ 6b Abs. 4 EStG	Buchführung	Nr. 5. ... Buchführung verfolgt werden können.
§ 6b Abs. 4 EStG	Gewinn	[2] ... Abzug nach den Absätzen 1 und 3 ist bei Wirtschaftsgütern, die zu einem land- und forstwirtschaftlichen Betrieb gehören oder der selbständigen Arbeit dienen, nicht zulässig, wenn der Gewinn bei der Veräußerung von Wirtschaftsgütern eines Gewerbebetriebs entstanden ist.
§ 6b Abs. 6 EStG	Übertragung stiller Reserven bei der Veräußerung bestimmter Anlagegüter	... Betrag ... Absetzung für Abnutzung oder Substanzverringerung oder in den Fällen des § 6 Absatz 2 und Absatz 2a im Wirtschaftsjahr des Abzugs der verbleibende Betrag an die Stelle der Anschaffungs- oder Herstellungskosten.
§ 6b Abs. 7 EStG	Übertragung stiller Reserven bei der Veräußerung bestimmter Anlagegüter	... wird, für jedes volle Wirtschaftsjahr, in dem die Rücklage bestanden hat, um 6 Prozent des aufgelösten Rücklagenbetrags zu erhöhen.
§ 6b Abs. 10 EStG	Gewinngrenze	Steuerpflichtige, die keine Körperschaften ... sind, können Gewinne aus der Veräußerung von Anteilen an Kapitalgesellschaften bis zu ... 500.000 Euro auf die im Wirtschaftsjahr ... folgenden zwei Wirtschaftsjahren angeschafften Anteile an Kapitalgesellschaften oder angeschafften oder hergestellten abnutzbaren bewegli-

		chen Wirtschaftsgüter ... oder in den folgenden vier Wirtschaftsjahren angeschafften oder hergestellten Gebäude ... übertragen.
§ 6b Abs. 10 EStG	Teileinkünfteverfahren	[2] ... nicht nach § 3 Nummer 40 Satz 1 Buchstabe a und b in Verbindung mit § 3c Absatz 2 steuerbefreiten Betrags ...
§ 6b Abs. 10 EStG	Möglichkeit	... [4] ... Absatz 4 Satz 1 Nummer 1, 2, 3, 5 und Satz 2 ... anzuwenden. [5] Soweit ... können sie eine Rücklage nach Maßgabe des Satzes 1 einschließlich des nach § 3 Nummer 40 Satz 1 Buchstabe a und b in Verbindung mit § 3c Absatz 2 ... bilden. *> R 6b Abs. 6, 7, 8, 10 EStR*
§ 7 Abs. 1 EStG	Absetzung für Abnutzung oder Substanzverringerung Beginn	... [4] Im Jahr der Anschaffung oder Herstellung des Wirtschaftsguts vermindert sich für dieses Jahr der Absetzungsbetrag nach Satz 1 um jeweils ein Zwölftel für jeden vollen Monat, der dem Monat der Anschaffung oder Herstellung vorangeht.
§ 7 Abs. 2 EStG	Absetzung für Abnutzung oder Substanzverringerung	Bei beweglichen Wirtschaftsgütern des Anlagevermögens ... [2] ... darf höchstens das Zweieinhalbfache des bei der Absetzung für Abnutzung ... betragen und 25 Prozent nicht übersteigen.
§ 7 Abs. 2 EStG	Absetzung für Abnutzung oder Sub-	[3] Absatz 1 Satz 4 und § 7 a Absatz 8 gelten entsprechen.

	stanzverringerung	
§ 7 Abs. 3 EStG	AfA: fallende Jahresbeträge	... von der Absetzung für Abnutzung in fallenden Jahresbeträgen ... in gleichen Jahresbeträgen ist zulässig.
§ 7 Abs. 4 EStG	AfA: Gebäude Betriebsvermögen	... Gebäuden sind ... Nr. 1. ... Betriebsvermögen ... nicht Wohnzwecken dienen ... Bauantrag nach dem 31. März 1985 gestellt ... jährlich 3 Prozent,
§ 7 Abs. 4 EStG	2 %	Nr. 2. ... a) nach dem 31. Dezember 1924 fertiggestellt ... jährlich 2 Prozent,
§ 7 Abs. 4 EStG	2,5 %	b) vor dem 1. Januar 1925 fertiggestellt worden ... jährlich 2,5 Prozent
§ 7 Abs. 4 EStG	Tatsächliche Nutzungsdauer	... Absatz 1 Satz 5 gilt entsprechend. [2] ... tatsächliche Nutzungsdauer ... weniger als 33 Jahre ...
§ 7 Abs. 5 EStG	Absetzung für Abnutzung oder Substanzverringerung	... Gebäuden, die in einem Mitgliedstaat der Europäischen Union ... und die vom Steuerpflichtigen hergestellt oder bis zum Ende des Jahres der Fertigstellung angeschafft worden sind ...
§ 7 Abs. 5a EStG	Absetzung für Abnutzung oder Sub-	... Gebäudeteile, die selbständige unbewegliche Wirtschaftsgüter sind, sowie auf

	stanzverringerung	Eigentumswohnungen und auf im Teileigentum stehende Räume entsprechend anzuwenden. *> R 7.1 Abs. 1 EStR*
§ 7b Abs. 1 EStG	Sonderabschreibung für Mietwohnungsneubau	... im Jahr der Anschaffung und in den folgenden drei Jahren Sonderabschreibungen ... 5 Prozent
§ 7b Abs. 2 EStG	Voraussetzungen	1. ... Baumaßnahmen ... nach dem 31. August 2018 und vor dem 1. Januar 2022 2. ... 3000 Euro je Quadratmeter 3. ... im Jahr der Anschaffung ...und in den folgenden neun Jahren der entgeltlichen Überlassung zu Wohnzwecken ...
§ 7b Abs. 3 EStG	Bemessungsgrundlage	... maximal 2000 Euro je Quadratmeter
§ 7c Abs. 1 EStG	Sonderabschreibung für Elektronutzfahrzeuge und elektrisch betriebene Lastenfahrräder	... Sonderabschreibung in Höhe von 50 Prozent der Anschaffungskosten ...
§ 7g a.F. Abs. 1 EStG	Investitionsabzugsbeträge und Sonderabschreibungen zur Förderung kleiner und mittlerer Betriebe	... Wirtschaftsguts des Anlagevermögens, ..., bis zu 40 Prozent der voraussichtlichen Anschaffungs- oder Herstellungskosten ... (Investitionsabzugsbetrag). [2] ... wenn

	Gewinn	Nr. 1. ... a) ... Gewinn ... 235.000 Euro; b) ... Land- und Forstwirtschaft einen Wirtschaftswert oder einen Ersatzwirtschaftswert von 125.000 Euro oder
§ 7g a.F. Abs. 1 EStG	Gewinn	c) ... Betrieben im Sinne der Buchstaben a und b ... Gewinn nach § 4 Absatz 3 ermitteln, ohne Berücksichtigung des Investitionsabzugsbetrags einen Gewinn von 100.000 Euro
§ 7g a.F. Abs. 1 EStG	Maximalbetrag	... [4] Die Summe der Beträge, die im Wirtschaftsjahr ... nach Satz 1 insgesamt abgezogen und nicht nach Absatz 2 hinzugerechnet ... wurden, darf je Betrieb 200.000 Euro nicht übersteigen.
§ 7g n.F. Abs. 1 EStG	Gewinn	Nr. 1. a) nach § 4 oder § 5 ermittelt wird; b) ... 200.000 Euro und 2.... Datenfernübertragung übermittelt
§ 7g Abs. 2 EStG	Investitionsabzugsbeträge und Sonderabschreibungen zur Förderung kleiner und mittlerer Betriebe Bis zu 40 %	... [2] Die Anschaffungs- oder Herstellungskosten des Wirtschaftsguts können in dem in Satz 1 genannten Wirtschaftsjahr um bis zu 40 Prozent **ab 1.1.2020 50**, ... [3] ... höchstens jedoch um die Hinzurechnung nach Satz 1, gewinnmindernd herabgesetzt werden ...

§ 7g Abs. 3 EStG	Investitionsabzugs- beträge und Son- derabschreibungen zur Förderung klei- ner und mittlerer Betriebe Dritten Wirtschafts- jahr	... nicht bis zum Ende des dritten auf das Wirtschaftsjahr des Abzugs folgenden Wirtschaftsjahres nach Absatz 2 Satz 1 hinzugerechnet wurde, sind die Abzüge nach Absatz 1 rückgängig zu machen.
§ 7g. Abs. 5 EStG	Investitionsabzugs- beträge und Son- derabschreibungen zur Förderung klei- ner und mittlerer Betriebe Vier Folgejahren	Bei abnutzbaren beweglichen Wirtschaftsgütern des Anlagevermögens können unter den Voraussetzungen des Absatzes 6 im Jahr der Anschaffung oder Herstellung und in den vier folgenden Jahren neben den Absetzungen für Abnutzung ... bis zu insgesamt 20 Prozent der Anschaffungs- oder Herstellungskosten in Anspruch genommen werden.
§ 7g Abs. 6 EStG	Investitionsabzugs- beträge und Son- derabschreibungen zur Förderung klei- ner und mittlerer Betriebe	Die Sonderabschreibungen nach Absatz 5 können nur in Anspruch genommen werden, wenn Nr. 1. ... Schluss des Wirtschaftsjahres ab **1.1.2020** im Wirtschaftsjahr Nr. 2. ... im Jahr der Anschaffung oder Herstellung ... **1.1.2020** vermietet oder

Einkommensteuer-Durchführungsverordnung (EStDV)

§ 9a EStDV	Anschaffung, Herstellung	... Anschaffung ist das Jahr der Lieferung ...
§ 11c Abs. 1 EStDV	Absetzung für Abnutzung (AfA) bei Gebäuden	Nr. 2. bei Gebäuden, die der Steuerpflichtige nach dem 20. Juni 1948 hergestellt hat, mit dem Zeitpunkt der Fertigstellung;
§ 11c Abs. 2 EStDV	AfA bei Gebäuden Wirtschaftsjahr	... folgenden Wirtschaftsjahr ...
§ 11d Abs. 1 EStDV	AfA bei nicht zu einem Betriebsvermögen gehörenden Wirtschaftsgütern, die der Steuerpflichtige unentgeltlich erworben hat	... nicht zu einem Betriebsvermögen gehörenden Wirtschaftsgütern ... unentgeltlich ... Absetzungen für Abnutzung nach den Anschaffungs- oder Herstellungskosten des Rechtsvorgängers oder dem Wert, der beim Rechtsvorgänger an deren Stelle getreten ist oder treten würde ...
§ 55 Abs. 1 EStDV	Ermittlung des Ertrags aus Leibrenten in besonderen Fällen Leibrenten	Nr. 2. bei Leibrenten, deren Dauer von der Lebenszeit einer anderen Person als des Rentenberechtigen abhängt.
§ 55 Abs. 2 EStDV	Ermittlung des Ertrags aus Leibrenten in besonderen Fällen Ertrag	Der Ertrag der Leibrenten, die auf eine bestimmte Zeit beschränkt sind (abgekürzte Leibrenten) ...
§ 82b Abs. 1 EStDV	Behandlung größeren Erhaltungsaufwands bei Wohngebäuden	... § 11 Abs. 2 des Gesetzes auf zwei bis fünf Jahre gleichmäßig verteilen.

Handelsgesetzbuch (HGB)

§ 238 Abs. 1 HGB	Buchführungspflicht	... Kaufmann ... Handelsgeschäfte ...Grundsätzen ordnungsgemäßer Buchführung ersichtlich zu machen.
§ 240 Abs. 4 HGB	Inventar	... gewogenen Durchschnittswert ...
§ 246 Abs. 1 HGB	Vollständigkeit, Verrechnungsverbot	...Eigentümers aufzunehmen ... anderen wirtschaftlich zuzurechnen, hat dieser ihn in seiner Bilanz auszuweisen. ... Unterschiedsbetrag ... einzelnen Vermögensgegenstände des Unternehmens ... gilt als zeitlich begrenzt nutzbarer Vermögensgegenstand.
§ 247 Abs. 2 HGB	Inhalt der Bilanz	... Anlagevermögen ... die bestimmt sind, dauernd dem Geschäftsbetrieb zu dienen.
§ 248 Abs. 2 HGB	Bilanzierungsverbote und -wahlrechte	Selbst geschaffene immaterielle Vermögensgegenstände des Anlagevermögens ...
§ 249 Abs. 1 HGB	Rückstellungen Drohverluste	... sind für ungewisse Verbindlichkeiten und für drohende Verluste ...
§ 249 Abs. 1 HGB	Rückstellungen Instandhaltung	Nr. 1. ... unterlassene Aufwendungen für Instandhaltung ... drei Monaten ...
§ 250 Abs. 1 HGB	Rechnungsabgrenzungsposten Aktivseite	... sind auf der Aktivseite Ausgaben vor dem Abschlußstichtag auszuweisen ... bestimmte Zeit nach diesem Tag darstellen.

§ 250 Abs. 3 HGB	Rechnungsabgrenzungsposten Passivseite	... Erfüllungsbetrag einer Verbindlichkeit höher als der Ausgabebetrag, so darf
§ 252 Abs. 1 HGB	Allgemeine Bewertungsgrundsätze Eröffnungsbilanz Schlußbilanz	Nr. 1. ... Eröffnungsbilanz ... mit denen der Schlußbilanz des vorhergehenden Geschäftsjahrs übereinstimmen.
§ 252 Abs. 1 HGB	Unternehmenstätigkeit	Nr. 2. ... Fortführung der Unternehmenstätigkeit auszugehen ...
§ 252 Abs. 1 HGB	Abschlußstichtag	Nr. 3. ... Abschlußstichtag einzeln ...
§ 252 Abs. 1 HGB	Vorsichtsprinzip	Nr. 4. ... vorsichtig ... Abschlußstichtag entstanden ... Gewinne ... realisiert sind.
§ 252 Abs. 1 HGB	Zahlung	Nr. 5. ... Zahlungen im Jahresabschluß ...
§ 252 Abs. 1 HGB	angewandten Bewertungsmethoden Beibehaltung	Nr. 6. ... angewandten Bewertungsmethoden sind beizubehalten.
§ 253 Abs. 1 HGB	Zugangs- und Folgebewertung Erfüllungsbetrag	... Verbindlichkeiten sind zu ihrem Erfüllungsbetrag und Rückstellungen in Höhe des nach vernünftiger kaufmännischer Beurteilung notwendigen Erfüllungsbetrages anzusetzen.

§ 253 Abs. 3 HGB	Planmäßige AfA Außerplanmäßige AfA	... planmäßige Abschreibungen ... ... sind bei Vermögensgegenständen des Anlagevermögens bei voraussichtlich dauernder Wertminderung außerplanmäßige Abschreibungen vorzunehmen ... Bei Finanzanlagen ... voraussichtlich nicht dauernder Wertminderung vorgenommen werden.
§ 253 Abs. 5 HGB	Bewertungsmaßstäbe Zuschreibung	... Wertansatz Absatz 3 Satz 5 oder 6 und Absatz 4 darf nicht beibehalten werden, wenn die Gründe dafür nicht mehr bestehen. Ein niedrigerer Wertansatz eines entgeltlich erworbenen Geschäfts- oder Firmenwertes ist beizubehalten.
§ 255 Abs. 1 HGB	Bewertungsmaßstäbe Anschaffungskosten	Anschaffungskosten sind die Aufwendungen, die geleistet werden ... ... Nebenkosten sowie die nachträglichen Anschaffungskosten. Anschaffungspreisminderungen ... sind abzusetzen.
§ 255 Abs. 2 HGB	Bewertungsmaßstäbe Herstellungskosten	Herstellungskosten ... ... angemessene Teile der Kosten der allgemeinen Verwaltung sowie angemessene Aufwendungen für soziale Einrichtungen des Betriebs, für freiwillige soziale Leistungen und für die betriebliche Altersversorgung einbezogen werden, soweit diese auf den Zeitraum der Herstellung entfallen. Forschungs- und Vertriebskosten dürfen nicht einbezogen werden.

§ 255 Abs. 2a HGB	Bewertungs-maßstäbe Immaterielle Vermögens-gegenstände	... selbst geschaffenen immaterielle Vermögensgegenstands des Anlagevermögens sind die bei dessen Entwicklung anfallenden Aufwendungen nach Absatz 2. Entwicklung ist die Anwendung von Forschungsergebnissen oder von anderem Wissen für die Neuentwicklung ...
§ 255 Abs. 3 HGB	Bewertungs-maßstäbe Zinsen	... Zinsen für Fremdkapital, das zur Finanzierung der Herstellung eines Vermögensgegenstands verwendet wird, dürfen angesetzt werden, soweit sie auf den Zeitraum der Herstellung entfallen ...
§ 256a HGB	Währungsumrechnung Devisen	... Devisenkassamittelkurs am Abschlussstichtag ... ... Restlaufzeit von einem Jahr oder weniger sind § 253 Abs. 1 Satz 1 und § 252 Abs. 1 Nr. 4 Halbsatz 2 nicht anzuwenden.
§ 266 Abs. 1 HGB	Gliederung der Bilanz Kontoform	... Kontoform ...
§ 266 Abs. 3 HGB		E. Passive latente Steuern.
§ 267 Abs. 1 HGB	Umschreibung der Größenklassen Bilanzsumme	Nr. 1. 6.000.000 Euro Bilanzsumme ...
§ 267 Abs. 1 HGB	Umschreibung der Größenklassen Umsatzerlöse	Nr. 2. 12.000.000 Euro Umsatzerlöse ...

§ 267 Abs. 1 HGB	Umschreibung der Größenklassen Arbeitnehmer	Nr. 3. ... Jahresdurchschnitt fünfzig Arbeitnehmer.
§ 268 Abs. 8 HGB	Vorschriften zu einzelnen Posten der Bilanz, Bilanzvermerke	... geschaffene immaterielle Vermögensgegenstände des Anlagevermögens in der Bilanz ausgewiesen, so dürfen Gewinne nur ausgeschüttet werden ... verbleibenden frei verfügbaren Rücklagen zuzüglich eines Gewinnvortrags und abzüglich eines Verlustvortrags mindestens den insgesamt angesetzten Beträgen abzüglich der hierfür gebildeten passiven latenten Steuern entsprechen.
§ 272 Abs. 1a HGB	Eigenkapital	Der Unterschiedsbetrag zwischen dem Nennbetrag oder dem rechnerischen Wert und den Anschaffungskosten der eigenen Anteile ist mit den frei verfügbaren Rücklagen zu verrechnen. ... die Anschaffungsnebenkosten sind, sind Aufwand des Geschäftsjahrs.
§ 274 Abs. 1 HGB	Latente Steuern	... steuerlichen Wertansätzen Differenzen, die sich in späteren Geschäftsjahren voraussichtlich abbauen, so ist eine sich daraus insgesamt ergebende Steuerbelastung als passive latente Steuern ... in der Bilanz anzusetzen. ... daraus insgesamt ergebende Steuerentlastung kann als aktive latente Steuern ... angesetzt werden.

		Die sich ergebende Steuer**be**- und die sich ergebende Steuer**ent**lastung können auch unverrechnet angesetzt werden. Steuerliche Verlustvorträge sind bei der Berechnung aktiver latenter Steuern ... innerhalb der nächsten fünf Jahre zu erwartenden Verlustverrechnung zu berücksichtigen.
§ 274a HGB	Größenabhängige Erleichterungen	Nr. 4. § 274 über die Abgrenzung latenter Steuern.
§ 285 HGB	Sonstige Pflichtangaben	Nr. 11. ... die Höhe des Anteils am Kapital, das Eigenkapital und das Ergebnis des letzten Geschäftsjahrs ...

Umwandlungssteuergesetz (UmwStG)

§ 1 Abs. 1 UmwStG	Anwendungsbereich und Begriffsbestimmungen Verschmelzung	Nr. 1. ... Verschmelzung, Aufspaltung und Abspaltung ... von Körperschaften ...
§ 1 Abs. 1 UmwStG	Anwendungsbereich und Begriffsbestimmungen Formwechsel	Nr. 2. ... Formwechsel einer Kapitalgesellschaft in eine Personengesellschaft ...
§ 1 Abs. 3 UmwStG	Anwendungsbereich und Begriffsbestimmungen Verschmelzung	Nr. 1. ... Verschmelzung, Aufspaltung und Abspaltung ... Personengesellschaften und Partnerschaftsgesellschaften ...
§ 1 Abs. 3 UmwStG	Anwendungsbereich und Begriffsbestimmungen Ausgliederung	Nr. 2. ... Ausgliederung von Vermögensteilen ...
§ 1 Abs. 3 UmwStG	Anwendungsbereich und Begriffsbestimmungen Formwechsel	Nr. 3. ... Formwechsel einer Personengesellschaft in eine Kapitalgesellschaft ...
§ 1 Abs. 3 UmwStG	Anwendungsbereich und Begriffsbestimmungen Einbringung	Nr. 4. ... Einbringung von Betriebsvermögen durch Einzelrechtsnachfolge ...
§ 1 Abs. 3 UmwStG	Anwendungsbereich und Begriffsbestimmungen Austausch	Nr. 5. den Austausch von Anteilen.

§ 1 Abs. 5 UmwStG	Anwendungsbereich und Begriffsbestimmungen Buchwert	Nr. 4. Buchwert ... Übertragungsstichtag aufzustellenden Steuerbilanz ergibt oder ergäbe.
§ 2 Abs. 1 UmwStG	Steuerliche Rückwirkung Übertragungsstichtag	... übertragenden Körperschaft sowie des übernehmenden Rechtsträgers sind ... (steuerlicher Übertragungsstichtag) ...
§ 2 Abs. 2 UmwStG	Steuerliche Rückwirkung Übernehmerin	... Übernehmerin eine Personengesellschaft ... Vermögen der Gesellschafter.
§ 3 Abs. 1 UmwStG	Wertansätze in der steuerlichen Schlussbilanz der übertragenden Körperschaft Verschmelzung	... Verschmelzung auf eine Personengesellschaft oder natürlichen Person ... gemeinen Wert anzusetzen. ... § 6 a Einkommensteuergesetzes.
§ 3 Abs. 2 UmwStG	Wertansätze in der steuerlichen Schlussbilanz der übertragenden Körperschaft Antrag	... Antrag ... einheitlich mit dem Buchwert oder einem höheren Wert, höchstens jedoch mit dem Wert nach Absatz 1 ... soweit Nr. 1. ... Betriebsvermögen der übernehmenden Personengesellschaft ... später der Besteuerung mit Einkommensteuer oder Körperschaftsteuer unterliegen, und
§ 3 Abs. 2 UmwStG	Wertansätze in der steuerlichen Schlussbilanz der	Nr. 2. ... Bundesrepublik Deutschland ... und

	übertragenden Körperschaft BRD	
§ 3 Abs. 2 UmwStG	Wertansätze in der steuerlichen Schlussbilanz der übertragenden Körperschaft Gegenleistung	Nr. 3. ... Gegenleistung nicht gewährt wird ... Gesellschaftsrechten besteht.
§ 3 Abs. 2 UmwStG	Wertansätze in der steuerlichen Schlussbilanz der übertragenden Körperschaft Erstmaligen Abgabe	Der Antrag ist spätestens bis zur erstmaligen Abgabe der steuerlichen Schlussbilanz bei dem für die Besteuerung der übertragenden Körperschaft zuständigen Finanzamt zu stellen.
§ 4 Abs. 1 UmwStG	Auswirkungen auf den Gewinn des übernehmenden Rechtsträgers Abschreibungen	... Rechtsträger ... steuerlichen Schlussbilanz der übertragenden Körperschaft enthaltenen Wert im Sinne des § 3 zu übernehmen. ... erhöht um Abschreibungen, die in früheren Jahren steuerwirksam vorgenommen worden sind ... mit dem gemeinen Wert, anzusetzen.
§ 4 Abs. 2 UmwStG	Auswirkungen auf den Gewinn des übernehmenden Rechtsträgers verbleibender Verlust	... tritt in die steuerliche Rechtsstellung der übertragenden Körperschaft ein ... ... verbleibende Verlustvorträge ... Zinsvortrag nach § 4 h Absatz 1 Satz 5 ... gehen nicht über. ... Dauer der Zugehörigkeit ... anzurechnen.

§ 4 Abs. 3 UmwStG	Auswirkungen auf den Gewinn des übernehmenden Rechtsträgers Abschreibung	... § 7 Abs. 4 Satz 1 und Abs. 5 des Einkommensteuergesetzes nach der bisherigen Bemessungsgrundlage, in allen anderen Fällen ...
§ 4 Abs. 4 UmwStG	Auswirkungen auf den Gewinn des übernehmenden Rechtsträgers Übernahmegewinn	... Übernahmegewinn oder Übernahmeverlust in Höhe des Unterschiedsbetrags zwischen dem Wert, mit dem die übergegangenen Wirtschaftsgüter zu übernehmen sind, abzüglich der Kosten für den Vermögensübergang und dem Wert der Anteile an der übertragenden Körperschaft ... [3] Bei der Ermittlung des Übernahmegewinns ... Wert der übergegangenen Wirtschaftsgüter außer Ansatz ... Übertragungsstichtag nicht zum Betriebsvermögen des übernehmenden Rechtsträgers gehören.
§ 4 Abs. 5 UmwStG	Auswirkungen auf den Gewinn des übernehmenden Rechtsträgers Erhöhung	... Übernahmegewinn erhöht sich ... Übernahmeverlust verringert sich um einen Sperrbetrag im Sinne des § 50c des Einkommensteuergesetzes ... soweit die Anteile ... zum Betriebsvermögen ... gehören.
§ 4 Abs. 6 UmwStG	Auswirkungen auf den Gewinn des übernehmenden Rechtsträgers 60 % der Bezüge	... Übernahmeverlust ... ... Voraussetzungen des § 8b Abs. 7 ... ... Bezüge im Sinne des § 7 zu berücksichtigen. ... Fällen ... Höhe von 60 Prozent der Bezüge im Sinne des § 7 zu berücksichtigen ... ... Übernahmeverlust ... außer Ansatz ...

		Veräußerungsverlust nach § 17 Abs. 2 Satz 6 des Einkommensteuergesetzes ... der übertragenden Körperschaft innerhalb der letzten fünf Jahre vor dem steuerlichen Übertragungsstichtag entgeltlich erworben wurden.
§ 4 Abs. 7 UmwStG	Auswirkungen auf den Gewinn des übernehmenden Rechtsträgers Teileinkünfteverfahren	... Übernahmegewinn ... In den übrigen Fällen ist § 3 Nr. 40 sowie § 3c des Einkommensteuergesetzes anzuwenden.
§ 5 Abs. 2 UmwStG	Besteuerung der Anteilseigner der übertragenden Körperschaft Anschaffungskosten	... übertragenden Körperschaft im Sinne des § 17 des Einkommensteuergesetzes, die an dem steuerlichen Übertragungsstichtag nicht zu einem Betriebsvermögen eines ... Gesellschafters der übernehmenden Personengesellschaft ... als an diesem Stichtag in das Betriebsvermögen ... Anschaffungskosten eingelegt.
§ 5 Abs. 3 UmwStG	Besteuerung der Anteilseigner der übertragenden Körperschaft Übertragungsstichtag	... Übertragungsstichtag ... Abschreibungen sowie um Abzüge nach § 6b des Einkommensteuergesetzes ...
§ 6 Abs. 1 UmwStG	Gewinnerhöhung durch Vereinigung von Forderungen und Verbindlichkeiten	... Gewinn ... Vermögensübergang zum Erlöschen von Forderungen und Verbindlichkeiten ... Gewinn mindernde Rücklage bilden. [2] ... drei Wirtschaftsjahren mit mindestens je einem Drittel gewinnerhöhend aufzulösen.

§ 7 UmwStG	Besteuerung offener Rücklagen	... Anteilseigner ... ausgewiesenen Eigenkapitals abzüglich des Bestands des steuerlichen Einlagekontos ... Anwendung des § 29 Abs. 1 des Körperschaftsteuergesetzes ... Einnahmen aus Kapitalvermögen im Sinne des § 20 Abs. 1 Nr. 1 des Einkommensteuergesetzes zuzurechnen.
§ 9 UmwStG	Formwechsel in eine Personengesellschaft	... sind die §§ 3 bis 8 und 10 entsprechend anzuwenden. ... Personengesellschaft eine Eröffnungsbilanz aufzustellen.
§ 11 Abs. 1 UmwStG	Wertansätze in der steuerlichen Schlussbilanz der übertragenden Körperschaft Gemeiner Wert	... auf eine andere Körperschaft ... gemeinen Wert.
§ 11 Abs. 2 UmwStG	Wertansätze in der steuerlichen Schlussbilanz der übertragenden Körperschaft Antrag	Auf Antrag ... mit dem Buchwert oder einem höheren Wert ... soweit Nr. 1. ... Besteuerung mit Körperschaftsteuer ... Nr. 2. ... Recht der Bundesrepublik ...
§ 11 Abs. 2 UmwStG	Wertansätze in der steuerlichen Schlussbilanz der übertragenden Körperschaft	Nr. 3. ... nicht gewährt wird oder in Gesellschaftsrechten besteht.

§ 12 Abs. 1 UmwStG	Auswirkungen auf den Gewinn der übernehmenden Körperschaft Berücksichtigung	... § 11 zu übernehmen. § 4 Abs. 1 Satz 2 und 3 gilt entsprechend.
§ 12 Abs. 2 UmwStG	Auswirkungen auf den Gewinn der übernehmenden Körperschaft	... außer Ansatz. § 8b des Körperschaftsteuergesetzes ...
§ 12 Abs. 3 UmwStG	Auswirkungen auf den Gewinn der übernehmenden Körperschaft Rechtsstellung	... Rechtsstellung der übertragenden Körperschaft ein; § 4 Abs. 2 und 3 gilt entsprechend.
§ 12 Abs. 4 UmwStG	Auswirkungen auf den Gewinn der übernehmenden Körperschaft	§ 6 gilt sinngemäß ...
§ 13 Abs. 1 UmwStG	Besteuerung der Anteilseigner der übertragenden Körperschaft Gemeiner Wert	... zum gemeinen Wert... als mit diesem Wert angeschafft.
§ 13 Abs. 2 UmwStG	Besteuerung der Anteilseigner der übertragenden Körperschaft Antrag	... auf Antrag ... mit dem Buchwert ... wenn

§ 15 Abs. 1 UmwStG	Aufspaltung, Abspaltung und Teilübertragung auf andere Körperschaften Teilbetrieb	... § 11 Abs. 2 und § 13 Abs. 2 sind nur anzuwenden, wenn auf die Übernehmerinnen ein Teilbetrieb übertragen wird und im Falle der Abspaltung oder Teilübertragung bei der übertragenden Körperschaft ein Teilbetrieb verbleibt.
§ 16 UmwStG	Aufspaltung oder Abspaltung auf eine Personengesellschaft	... Aufspaltung oder Abspaltung ... gelten die §§ 3 bis 8, 10 und 15 entsprechend. [2] § 10 ist für den in § 40 Abs. 2 Satz 3 ... anzuwenden.
§ 18 Abs. 1 UmwStG	Gewerbesteuer bei Vermögensübergang auf eine Personengesellschaft oder auf eine natürliche Person sowie bei Formwechsel in eine Personengesellschaft	... §§ 3 bis 9 und 16 ... Personengesellschaft ... natürliche Person ... Formwechsel in eine Personengesellschaft ... ... Gewerbeertrag der übernehmenden Personengesellschaft ... kann nicht um Fehlbeträge ... und die vortragsfähigen Fehlbeträge ... im Sinne des § 10a des Gewerbesteuergesetzes gekürzt werden.
§ 18 Abs. 2 UmwStG	Gewerbesteuer bei Vermögensübergang auf eine Personengesellschaft oder auf eine natürliche Person sowie bei Formwechsel in eine Personengesellschaft Übernahme	... Übernahmegewinn oder Übernahmeverlust ist nicht zu erfassen.

§ 18 Abs. 3 UmwStG	Gewerbesteuer bei Vermögensübergang auf eine Personengesellschaft oder auf eine natürliche Person sowie bei Formwechsel in eine Personengesellschaft 5 Jahre	... fünf Jahren ... Aufgabe- oder Veräußerungsgewinn der Gewerbesteuer ... ... Teilbetrieb oder ein Anteil an der Personengesellschaft aufgegeben oder veräußert wird. ... nach § 35 des Einkommensteuergesetzes nicht zu berücksichtigen.
§ 19 Abs. 1 UmwStG	Gewerbesteuer bei Vermögensübergang auf eine andere Körperschaft	... §§ 11 bis 15 ...
§ 19 Abs. 2 UmwStG	Gewerbesteuer bei Vermögensübergang auf eine andere Körperschaft Fehlbeträge	... Fehlbeträge ... gelten § 12 Abs. 3 und § 15 Abs. 3 entsprechend.
§ 20 Abs. 1 UmwStG	Einbringung von Unternehmensteilen in eine Kapitalgesellschaft oder Genossenschaft Neue Anteile	... Betrieb oder Teilbetrieb ... Mitunternehmeranteil in eine Kapitalgesellschaft ... eingebracht ... neue Anteile ... (Sacheinlage) ...
§ 20 Abs. 2 UmwStG	Einbringung von Unternehmensteilen in eine Kapitalgesellschaft oder Genossenschaft Antrag	... übernehmende Gesellschaft ... gemeinen Wert ... ... auf Antrag einheitlich mit dem Buchwert ... soweit Nr. 1. ... Besteuerung mit Körperschaftsteuer ...

		Nr. 2. ...Passivposten ... die Aktivposten nicht übersteigen; dabei ist das Eigenkapital nicht zu berücksichtigen...
§ 20 Abs. 2 UmwStG	Einbringung von Unternehmens-teilen in eine Kapitalgesellschaft oder Genossenschaft Veräußerung	Nr. 3. ... Veräußerung ... bei der übernehmenden Gesellschaft nicht ausgeschlossen oder beschränkt wird.
§ 20 Abs. 2 UmwStG	Einbringung von Unternehmens-teilen in eine Kapitalgesellschaft oder Genossenschaft Gemeiner Wert	Nr. 4. der gemeine Wert von sonstigen Gegenleistungen ... a) 25 Prozent des Buchwerts b) 500.000 Euro, höchstens jedoch den Buchwert
§ 20 Abs. 3 UmwStG	Einbringung von Unternehmensteilen Gemeiner Wert bei Anschaffungskosten	... übernehmende Gesellschaft ... Betriebsvermögen ... als Veräußerungspreis und als Anschaffungskosten der Gesellschaftsanteile. ... [3]... gemeiner Wert bei der Bemessung der Anschaffungskosten der Gesellschaftsanteile von dem sich nach den Sätzen 1 und 2 ergebenden Wert abzuziehen.
§ 20 Abs. 5 UmwStG	Einbringung von Unternehmens-teilen in eine Kapitalgesellschaft oder Genossenschaft	... Einkommen und das Vermögen ... auf Antrag ... mit Ablauf des steuerlichen Übertragungsstichtags ... [2]... nicht für Entnahmen und Einlagen ... Die Anschaffungskosten der Anteile ...

	Gemeiner Wert - erhöhen	sind um den Buchwert der Entnahmen zu vermindern und um den sich nach § 6 Abs. 1 Nr. 5 des Einkommensteuergesetzes ergebenden Wert der Einlagen zu erhöhen.
§ 20 Abs. 6 UmwStG	Einbringung von Unternehmensteilen in eine Kapitalgesellschaft oder Genossenschaft Acht Monate	... steuerlicher Übertragungsstichtag (Einbringungszeitpunkt) ... Verschmelzung ... für den die Schlussbilanz jedes der übertragenden Unternehmen im Sinne des § 17 Abs. 2 des Umwandlungsgesetzes aufgestellt ... [3]... höchstens acht Monate ...
§ 20 Abs. 9 UmwStG	Einbringung von Unternehmensteilen in eine Kapitalgesellschaft oder Genossenschaft EBITDA Vortrag	.... § 4 h Absatz 1 Satz 5 ... und ein EBITDA-Vortrag ... ... des eingebrachten Betriebs gehen nicht auf die übernehmende Gesellschaft über
§ 21 Abs. 1 UmwStG	Bewertung der Anteile beim Anteilstausch Antrag	... gemeinen Wert ... ... [2]... Antrag mit dem Buchwert oder einem höheren Wert ... Nr. 1 ... übernehmende Gesellschaft nach der Einbringung ... unmittelbar die Mehrheit der Stimmrechte an der erworbenen Gesellschaft hat (qualifizierter Anteilstausch)
§ 21 Abs. 2 UmwStG	Bewertung der Anteile beim Anteilstausch Veräußerungspreis	... gilt ... als Veräußerungspreis der eingebrachten Anteile ... ... Einbringenden der gemeine Wert der eingebrachten Anteile als Veräußerungspreis und als Anschaffungskosten der

		erhaltenen ... ... § 20 Abs. 3 Satz 3 und 4 gilt entsprechend.
§ 22 Abs. 1 UmwStG	Besteuerung des Anteilseigners Sacheinlage	... Sacheinlage ... Zeitraums von sieben Jahren ... rückwirkend ... von § 16 des Einkommensteuergesetzes zu versteuern (Einbringungsgewinn I); § 16 Abs. 4 und § 34 des Einkommensteuergesetzes sind nicht anzuwenden. ... Einbringungsgewinn I ist der Betrag, um den der gemeine Wert des eingebrachten Betriebsvermögens im Einbringungszeitpunkt nach Abzug der Kosten für den Vermögensübergang den Wert, mit dem die übernehmende Gesellschaft dieses eingebrachte Betriebsvermögen angesetzt hat, übersteigt, vermindert um jeweils ein Siebtel für jedes seit dem Einbringungszeitpunkt abgelaufene Zeitjahr.
§ 22 Abs. 2 UmwStG	Besteuerung des Anteilseigners Sieben Jahre	... Rahmen einer Sacheinlage ... Anteilstausches ... unter dem gemeinen Wert eingebrachten Anteile ... sieben Jahren ... steuerfrei gewesen wäre ... rückwirkend als Gewinn des Einbringenden ... (Einbringungsgewinn II) ... Absatz 1 Satz 2 gilt entsprechend. Einbringungsgewinn II ist der Betrag, um den der gemeine Wert der eingebrachten Anteile im Einbringungszeitpunkt nach Abzug der Kosten für den Vermögensübergang den Wert ... die erhaltenen Anteile angesetzt hat ...

		Der Einbringungsgewinn II gilt als nachträgliche Anschaffungskosten der erhaltenen Anteile.
§ 22 Abs. 3 UmwStG	Besteuerung des Anteilseigners 31. Mai	... Einbringende ... jährlich spätestens bis zum 31. Mai den Nachweis ...
§ 23 Abs. 1 UmwStG	Auswirkungen bei der übernehmenden Gesellschaft Unter dem gemeinen Wert	... unter dem gemeinen Wert liegenden Wert ...
§ 23 Abs. 2 UmwStG	Auswirkungen bei der übernehmenden Gesellschaft Erhöhen sich die Anschaffungskosten	... § 22 Abs. 1 ... ... erworben, erhöhen sich die Anschaffungskosten der eingebrachten Anteile in Höhe des versteuerten Einbringungsgewinns ...
§ 23 Abs. 3 UmwStG	Auswirkungen bei der übernehmenden Gesellschaft Über dem Buchwert	... über dem Buchwert, aber unter dem gemeinen Wert ... gilt § 12 Abs. 3 erster Halbsatz entsprechend ...
§ 23 Abs. 4 UmwStG	Auswirkungen bei der übernehmenden Gesellschaft Einzelrechtsnachfolger	... gemeinen Wert an, gelten die eingebrachten Wirtschaftsgüter als im Zeitpunkt der Einbringung von der Kapitalgesellschaft angeschafft ... Einzelrechtsnachfolge ...Gesamtrechtsnachfolge nach den Vorschriften des Umwandlungsgesetzes ...

§ 24 Abs. 1 UmwStG	Einbringung von Betriebsvermögen in eine Personengesellschaft Einbringung	... Betrieb oder Teilbetrieb ... Personengesellschaft eingebracht ... Mitunternehmer der Gesellschaft ...
§ 24 Abs. 2 UmwStG	Einbringung von Betriebsvermögen in eine Personengesellschaft Ergänzungsbilanz	... Bilanz einschließlich der Ergänzungsbilanzen... gemeinen Wert ... auf Antrag mit dem Buchwert oder einem höheren Wert ... Nr.1. ... Recht der Bundesrepublik Deutschland ... Nr. 2. Gemeine Wert ... nicht mehr beträgt als a) 25 Prozent des Buchwerts b) 500 000 Euro, höchstens jedoch den Buchwert
§ 24 Abs. 3 UmwStG	Einbringung von Betriebsvermögen in eine Personengesellschaft Teileinkünfte-verfahren	... ...ist nur anzuwenden ... gemeinen Wert ... nicht um die Einbringung von Teilen eines Mitunternehmeranteils ... § 3 Nr. 40 Satz 1 Buchstabe b in Verbindung mit § 3c Abs. 2 ... teilweise steuerbefreit ist. ... gilt § 16 Abs. 2 Satz 3 des Einkommensteuergesetzes entsprechend.
§ 24 Abs. 4 UmwStG	Einbringung von Betriebsvermögen in eine Personengesellschaft Gesamtrechtsnachfolge	§ 23 Abs. 1, 3, 4 und 6 gilt entsprechend; in den Fällen der Einbringung in eine Personengesellschaft im Wege der Gesamtrechtsnachfolge gilt auch § 20 Abs. 5 und 6 entsprechend:

§ 24 Abs. 5 UmwStG	Einbringung von Betriebsvermögen in eine Personen-gesellschaft Sieben Jahre	... Anteile an einer Körperschaft ... von sieben Jahren ... veräußert ...
§ 25 UmwStG	Entsprechende Anwendung des Sechsten Teils Formwechsel	... Formwechsels ... gelten §§ 20 bis 23 entsprechend.

Einkommensteuer-Richtlinien und Hinweise (EStR/H)

H 4.1. EStR	Aufzeichnungs- und Buchführungs-pflichten	... .. Sonderbetriebsvermögen hat hierbei nach dem gleichen Gewinnermittlungszeitraum und nach der gleichen Gewinnermittlungsart wie bei der Personengesellschaft zu erfolgen ...
R 4.2. Abs. 1 EStR	Betriebsvermögen	... ausschließlich und unmittelbar für eigenbetriebliche Zwecke des Stpfl. genutzt werden oder dazu bestimmt sind, sind notwendiges Betriebsvermögen. ... [3] Wirtschaftsgüter, die in einem gewissen objektiven Zusammenhang mit dem Betrieb stehen ... können - bei Gewinnermittlung durch Betriebsvermögensvergleich ... als gewillkürtes Betriebsvermögen behandelt werden. [4] ... Grundstücke oder Grundstücksteile sind und die zu mehr als 50 % eigenbetrieblich genutzt werden, sind in vollem Umfang notwendiges Betriebsvermögen. [5] Werden sie zu mehr als 90 % privat genutzt, gehören sie in vollem Umfang zum notwendigen Privatvermögen. [6] ... betrieblichen Nutzung von mindestens 10 % bis zu 50 % ... gewillkürten Betriebsvermögen in vollem Umfang möglich
H 4.2. Abs. 1 EStR	Beteiligungen	... notwendigen Betriebsvermögen, wenn sie dazu bestimmt ist, die betriebliche

		Betätigung des Stpfl. entscheidend zu fördern oder wenn sie dazu dient, ... Absatz von Produkten des Stpfl. zu gewährleisten ...
H 4.2. Abs. 1 EStR	Gewillkürtes Betriebsvermögen	... ... notwendige Widmungsakt zeitnah in den Büchern oder in Aufzeichnungen dokumentiert wird ...
H 4.2. Abs. 1 EStR	Wertpapiere	Können gewillkürtes Betriebsvermögen ... sein, wenn nicht bereits bei ihrem Erwerb ... keinen Nutzen, sondern nur Verluste bringen ... scheidet nicht allein deshalb aus, weil sie in spekulativer Absicht mit Kredit erworben und Kursverluste billigend in Kauf genommen wurden ... ...Verpfändung für Betriebskredite in der Regel nicht zum notwendigen Betriebsvermögen ...
H 4.2. Abs. 1 EStR	Wirtschaftsgut Begriff	Wirtschaftsgüter sind Sachen, Rechte ... sich etwas kosten lässt ... besonderen Bewertung zugänglich sind ... Nutzung für mehrere Wirtschaftsjahre erbringen und zumindest mit dem Betrieb übertragen werden können ...
R 4.2. Abs. 2 EStR	Betriebsvermögen bei Personengesellschaften	... die zum Gesamthandsvermögen der Mitunternehmer gehören ... [2] ... wenn sie entweder unmittelbar dem Betrieb der Personengesellschaft dienen

		(Sonderbetriebsvermögen I) oder unmittelbar zur Begründung oder Stärkung der Beteiligung ... an der Personengesellschaft eingesetzt werden sollen (Sonderbetriebsvermögen II). [3]... gewillkürten Betriebsvermögen ... objektiv geeignet und subjektiv dazu bestimmt sind, den Betrieb der Gesellschaft (Sonderbetriebsvermögen I) oder die Beteiligung des Gesellschafters (Sonderbetriebsvermögen II) zu fördern.
R 4.2. Abs. 2 EStR	Betriebsvermögen bei Personengesellschaften	
H 4.2. Abs. 2 EStR	Anteile an Kapitalgesellschaften	... gehört zum notwendigen Sonderbetriebsvermögen II ... steigt
R 4.2 Abs. 3 EStR	Gebäudeteile, die selbständige Wirtschaftsgüter sind Betriebsvorrichtungen	... selbständige Wirtschaftsgüter. ... [3] ... in diesem Sinne sind: Nr. 1. Betriebsvorrichtungen (R.7.1 Abs. 3); Nr. 2. Scheinbestandteile (R.7.1. Abs. 4);
R 4.2 Abs. 3 EStR	Gebäudeteile, die selbständige Wirtschaftsgüter sind	Nr. 3. Ladeneinbauten ...
R 4.2 Abs. 3 EStR	Mietereinbauten	Nr. 4. sonstige Mietereinbauten;
R 4.2 Abs. 3 EStR	Sonstige selbständige Gebäudeteile	Nr. 5. sonstige selbständige Gebäudeteile ...

R 4.2 Abs. 4 EStR	Unterschiedliche Nutzungen und Funktionen eines Gebäudes	... eigenbetrieblich, teils fremdbetrieblich, teils zu eigenen und teils zu fremden Wohnzwecken genutzt ...
R 4.2 Abs. 7 EStR	Grundstücke und Grundstücksteile als notwendiges Betriebsvermögen	... notwendigen Betriebsvermögen. [2] Wird ein Teil eines Gebäudes eigenbetrieblich genutzt, gehört der zum Gebäude gehörende Grund und Boden anteilig zum notwendigen Betriebsvermögen ...
H 4.2 Abs. 7 EStR	Vermietung an Arbeitnehmer	... an Arbeitnehmer vermietet werden, sind notwendiges Betriebsvermögen
H 4.2 Abs. 7 EStR	Zeitpunkt der erstmaligen Zugehörigkeit zum Betriebsvermögen	... genutzte Grundstücke und Grundstücksteile sind ab ihrer endgültigen Funktionszuweisung notwendiges Betriebsvermögen ...
R 4.2 Abs. 8 EStR	Grundstücksteile von untergeordnetem Wert	Eigenbetrieblich genutzte Grundstücksteile ... (§ 8 EStDV).
R 4.2 Abs. 9 EStR	Grundstücke und Grundstücksteile als gewillkürtes Betriebsvermögen	... Wohnzwecken oder zur gewerblichen Nutzung an Dritte vermietet sind, können als gewillkürtes Betriebsvermögen behandelt werden ... ... [6] ... gehört auch der dazugehörige Grund und Boden zum Betriebsvermögen.
R 4.2 Abs. 10 EStR	Einheitliche Behandlung des Grundstücks	... mehr als der Hälfte die Voraussetzungen ... weitere Grundstücksteile ... nicht vorliegen, nicht als Betriebsvermögen be-

		handelt werden ...
H 4.2 Abs. 11 EStR	Ausnahme bei privater Nutzung	... nicht Betriebsvermögen ... ausschließlich ... der privaten Lebensführung eines, mehrerer oder aller Mitunternehmer der Gesellschaft dient. ... gehörendes Einfamilienhaus ... für eigene Wohnzwecke genutzt wird ...
R 4.2 Abs. 12 EStR	Grundstücke und Grundstücksteile im Sonderbetriebsvermögen	... die nicht Gesamthandsvermögen ... Betrieb der Personengesellschaft ausschließlich und unmittelbar dienen, sind als Sonderbetriebsvermögen notwendiges Betriebsvermögen der Personengesellschaft.
R 4.4 Abs. 1 EStR	Bilanzberichtigung	... [3] *... Bilanzberichtigung ist unzulässig, wenn der Bilanzansatz im Zeitpunkt der Bilanzaufstellung subjektiv richtig ist.* [4] *Subjektiv richtig ist jede der im Zeitpunkt der Bilanzaufstellung der kaufmännischen Sorgfalt entsprechenden Bilanzierung.* ... [9] Soweit eine Bilanzberichtigung nicht möglich ist, ist der falsche Bilanzansatz grundsätzlich in der Schlussbilanz des ersten Jahres, dessen Veranlagung geändert werden kann, erfolgswirksam richtig zu stellen.
H 4.4 EStR	Berichtigung einer Bilanz, die einer bestandskräftigen Veranlagung zu	... insbesondere nach § 164 Abs. 1, § 173 oder § 175 Abs. 1 Satz 1 Nr. 2 AO, noch geändert werden kann oder die Bilanzberichtigung sich auf die Höhe der veranlag-

	Grunde liegt	ten Steuer nicht auswirken würde ... ... Unter Durchbrechung ... Berichtigung der Anfangsbilanz des ersten Jahres ... auswirken kann ... beachtlicher ungerechtfertigter Steuervorteile bewusst einen Aktivposten zu hoch oder einen Passivposten zu niedrig angesetzt hat, ohne dass die Möglichkeit besteht, die Veranlagung des Jahres zu ändern, bei der sich der unrichtige Bilanzansatz ausgewirkt hat ...
H 4.4 EStR	Richtigstellung eines unrichtigen Bilanzansatzes	... ersten Schlussbilanz richtig zu stellen ... Anzusetzen ist der Wert, mit dem das Wirtschaftsgut bei von vornherein zutreffender bilanzieller Behandlung ... Bilanz erscheinen würde ... ... ein Bilanzierungsfehler ...
H 4.4 EStR	Unterlassene Bilanzierung	... notwendigen Betriebsvermögen ... bisher nicht bilanziert worden ist.
H 4.5 Abs. 1 EStR	Wahl der Gewinnermittlungsart	... ... Zeichnet ein nicht buchführungspflichtiger Stpfl. ... nicht verlangen ... § 4 Abs. 1 EStG geschätzter Gewinn zugrunde gelegt wird. ... hat er die Gewinnermittlung durch Einnahmenüberschussrechnung gewählt ...
R 4.5 Abs. 4 EStR	Leibrenten	... § 4 Abs. 3 EStG ... Anlagevermögens oder des Umlaufvermögens ... gegen eine Leibrente ... [2] ... Rentenzahlungen sind in Höhe ihres

		Zinsanteiles Betriebsausgaben. [3] ... Unterschiedsbetrag zwischen den Rentenzahlungen einerseits und dem jährlichen Rückgang des Barwerts der Leibrentenverpflichtung andererseits. [4] ... Rentenzahlungen in voller Höhe ... Rentenverpflichtung verrechnet ... [6] ... Umlaufvermögens ... gegen eine Leibrente, stellen die Rentenzahlungen ... Verausgabung in voller Höhe Betriebsausgaben dar. [7] Der Fortfall ... führt nicht zu einer Betriebseinnahme.
R 4.6 Abs. 1 EStR	Wechsel zum Betriebsvermögensvergleich	... [2]... Härten auf Antrag ... gleichmäßig entweder auf das Jahr des Übergangs und das folgende Jahr oder auf das Jahr des Übergangs und die beiden folgenden Jahre verteilt werden. [3]... veräußert oder aufgegeben, erhöhen die noch nicht berücksichtigten Beträge den laufenden Gewinn des letzten Wirtschaftsjahres.
H 4.6 EStR	Bewertung von Wirtschaftsgütern	Die einzelnen Wirtschaftsgüter sind beim Übergang zum Betriebsvermögensvergleich mit den Werten anzusetzen, mit denen sie zu Buch stehen würden, wenn von Anfang an der Gewinn durch Betriebsvermögensvergleich ermittelt worden wäre ...
H 4.6 EStR	Keine Verteilung des Übergangsgewinns	... Übergang vom Betriebsvermögensvergleich zur Einnamenüberschussrechnung ...

		... Betriebsveräußerung oder Betriebsaufgaben ...
R 4.7 Abs. 1 EStR	Betriebseinnahmen und -ausgaben bei gemischt genutzten Wirtschaftsgütern	... [3] ... Stpfl. zerstört, tritt bezüglich der stillen Reserven ... keine Gewinnrealisierung ein. [4] ... Nutzungsentnahme ... [5] ... Schadensersatzforderung ... zerstörte Wirtschaftsgut ist als Betriebseinnahme zu erfassen, wenn und soweit sie über den Restbuchwert hinausgeht.
R 4.7 Abs. 2 EStR	Betriebseinnahmen und -ausgaben bei Grundstücken	... [4] Aufwendungen für einen Grundstücksteil (einschließlich AfA), der eigenbetrieblich genutzt wird, sind vorbehaltlich des § 4 Abs. 5 Satz 1 Nr. 6b EStG auch dann Betriebsausgaben, wenn der Grundstücksteil wegen seines untergeordneten Wertes ... nicht als Betriebsvermögen behandelt wird.
H 4.7 EStR	Drittaufwand	... ... Abkürzung des Zahlungswegs ... ... Abkürzung des Vertragswegs nicht in Betracht ...
H 4.7 EStR	Eigenaufwand für ein fremdes Wirtschaftsgut	... Dritten steht ... unentgeltlich nutzen, ist der Stpfl. wirtschaftlicher Eigentümer des Gebäudes ... Anspruch auf Entschädigung ... gesetzlich (§§ 951, 812 BGB) ...
R 4.10 Abs. 4 EStR	Geschenke	... unentgeltliche Zuwendungen an einen Dritten voraus. [2] ... nicht gegeben ... Gegenleistung des

		Empfängers anzusehen ...
R 4.13 Abs. 1 EStR	Abzugsverbot	... nicht mindern, wenn sie betrieblich veranlasst sind.
R 4.13 Abs. 2 EStR	Geldbußen	... [2] Geldbußen, die von Organen der Europäischen Union festgesetzt werden, sind Geldbußen ...
R 4.13 Abs. 3 EStR	Einschränkung des Abzugsverbotes für Geldbußen	... Abzugsverbot ... rechtswidrige und vorwerfbare Handlung ahndet.
H 4.13 Abs. 3 EStR	Verfahrenskosten	... abziehbare Betriebsausgaben, wenn die Sanktion selbst nach § 4 Abs. 5 Satz 1 Nr. 8 EStG vom Abzug ausgeschlossen ist ...
R 5.4. Abs. 3 EStR	Bestandsaufnahme und Wertanpassung bei Festwerten	... Festwert angesetzt worden sind ... [2] Übersteigt der für diesen Bilanzstichtag ermittelte Wert den bisherigen Festwert um mehr als 10 %, ist der ermittelte Wert als neuer Festwert maßgebend.
R 5.5. Abs. 2 EStR	Entgeltlicher Erwerb	... immaterielle Wirtschaftsgüter ... entgeltlich erworben (§ 5 Abs. 2 EStG) ...
H 5.5 EStR	Erbbaurecht	... Vermögensgegenstand i.S.d. Handelsrechts und ein Wirtschaftsgut i.S.d. Steuerrechts ... und ist damit kein immaterielles Wirtschaftsgut ...
H 5.5 EStR	Geschäfts- oder Firmenwert/Praxiswert	... ... kann Gegenstand einer verdeckten Einlage sein ...

R 5.6. Abs. 3 EStR	Rechnungsabgrenzungen	... [2] Soweit sich aus den ihnen zu Grunde liegenden Geschäftsvorfällen bereits Forderungen oder Verbindlichkeiten ergeben haben, sind sie als solche zu bilanzieren.
H 5.6 EStR	Bestimmte Zeit nach dem Abschlussstichtag	... Bei Übernahme von Erschließungskosten und Kanalanschlussgebühren durch den Erbbrauberechtigten ...
H 5.6 EStR	Dauerschuldverhältnis	... Entschädigung für die Aufhebung eines für eine bestimmte Laufzeit begründeten Schuldverhältnisses kann nicht in einen passiven Rechnungsabgrenzungsposten eingestellt werden ...
H 5.6 EStR	Erbbaurecht	... gezahlte Erbbauzinsen ist ein Rechnungsabgrenzungsposten zu bilden
H 5.6 EStR	Zeitbezogene Gegenleistung	... eine zeitbezogene Gegenleistung des Vertragspartners gegenüberstehen ... und der Zeitraum, auf den sich die Vorleistung des einen Vertragsteils bezieht, muss bestimmt sein ...
H 5.7 Abs. 1 EStR	Handelsrechtliches Passivierungswahlrecht	... , darf die Rückstellung steuerrechtlich nicht gebildet werden ...
R 5.7 Abs. 2 EStR	Rückstellungen für ungewisse Verbindlichkeiten	... nur zu bilden, wenn Nr. 1. ... gegenüber einem anderen oder eine

		öffentlich-rechtliche Verpflichtung handelt,
R 5.7 Abs. 2 EStR	Rückstellungen für ungewisse Verbindlichkeiten wirtschaftlich verursacht	Nr. 2. ... wirtschaftlich verursacht ist,
R 5.7 Abs. 2 EStR	Rückstellungen für ungewisse Verbindlichkeiten Entstehung	Nr. 3. ... nach ihrer Entstehung oder Höhe ungewissen Verbindlichkeit ernsthaft zu rechnen ...
R 5.7 Abs. 2 EStR	Rückstellungen für ungewisse Verbindlichkeiten Künftige Wirtschaftsjahren	Nr. 4. ... künftigen Wirtschaftsjahren nicht zu Anschaffungs- oder Herstellungskosten für ein Wirtschaftsgut führen.
R 5.7 Abs. 4 EStR	Öffentlich-rechtliche Verpflichtung	... [2] ... öffentlich-rechtliche Verpflichtung nicht unmittelbar aus einem Gesetz, sondern setzt sie den Erlass einer behördlichen Verfügung (Verwaltungsakt) voraus, ist eine Rückstellung für ungewisse Verbindlichkeiten erst zu bilden ... erlassen hat, der ein bestimmtes Handeln vorschreibt.
H 5.7 Abs. 4 EStR	Rückstellungen für öffentlich-rechtliche Verpflichtungen Wirtschaftliche Verursachung	... Aufstellung der Jahresabschlüsse ... ... Buchung laufender Geschäftsvorfälle ... ... Verpflichtung zur Aufbewahrung von Geschäftsunterlage...
R 5.7 Abs. 5	Wirtschaftliche	... in dem sie wirtschaftlich verursacht

EStR	Verursachung	sind. [2] ... Vertrag die Verpflichtung knüpft, im Wesentlichen verwirklicht ist.
H 5.7 Abs. 5 EStR	Entstandene Verpflichtungen	... bereits rechtlich entstandene ... Verpflichtung ist zu diesem Zeitpunkt auch wirtschaftlich verursacht ...
R 5.7. Abs. 10 EStR	Patent-, Urheber- oder ähnliche Schutzrechte	... [4] Nach Ablauf der Drei-Jahres-Frist sind weitere Rückstellungen wegen Verletzung desselben Schutzrechts nicht zulässig, solange Ansprüche nicht geltend gemacht worden sind.
R 5.7. Abs. 11 EStR	Instandhaltung und Abraumbeseitigung	... § 249 Abs. 1 Satz 2 Nr. 1 HGB gebildete Rückstellung ... in der Steuerbilanz anzusetzen. [2] ... Rückstellungen für unterlassene Aufwendungen für Abraumbeseitigungen ... [3] ... unterlassener Instandhaltung ...
H 5.7. Abs. 11	Turnusmäßige Erhaltungsarbeiten	... liegt in der Regel keine unterlassene Instandhaltung vor ...
H 5.7. Abs. 13 EStR	Rechtsmittel	... gerichtsanhängigen Schadensersatzverpflichtung ist erst aufzulösen, wenn über die Verpflichtung endgültig und rechtskräftig ablehnend entschieden ist ... ... nicht aufzulösen ... gegen diese Entscheidung aber noch ein Rechtsmittel einlegen kann ... ... erfolgter Verzicht des Prozessgegners auf ein Rechtsmittel wirkt nicht auf die Verhältnisse am Bilanzstichtag zurück ...

R 6.1. Abs. 1 EStR	Anlagevermögen und Umlaufvermögen	... gehören die Wirtschaftsgüter, die bestimmt sind, dauernd dem Betrieb zu dienen. ... [4] ... können immaterielle Wirtschaftsgüter, Sachanalgen und Finanzanlagen gehören. ... [6] Zum nicht abnutzbaren Anlagevermögen gehören insbesondere Grund und Boden, Beteiligungen und andere Finanzanlagen ...
H 6.1 EStR	Halbfertige Bauten auf fremden Grund und Boden	werden als Vorräte dem Umlaufvermögen zugeordnet ...
R 6.2 EStR	Anschaffungskosten	... [2] Dagegen sind die Anschaffungskosten eines Wirtschaftsgutes, das mittels Ratenkauf ohne gesonderte Zinsvereinbarung erworben wird, stets mit dem nach §§ 12 ff. BewG ermittelten Barwert im Zeitpunkt der Anschaffung anzusetzen.
H 6.2 EStR	Ausländische Währung	... Wechselkurs im Anschaffungszeitpunkt ...
H 6.2 EStR	Disagio	... erstattete Damnum-/Disagiobeträge gehören beim Erwerber zu den Anschaffungskosten ... vereinbart worden ist ...
H 6.2 EStR	Erbbaurecht	... Aufwendungen wie Grunderwerbsteuer, Maklerprovision, Notar- und Gerichtsgebühren, jedoch nicht vorausgezahlte oder in einem Einmalbetrag gezahlte Erbbauzinsen ...

H 6.2 EStR	Nebenkosten	... zu den Anschaffungskosten, soweit sie dem Wirtschaftsgut einzeln zugeordnet werden können ... ... nur dann aktiviert werden, wenn auch die Anschaffungs(haupt)kosten aktiviert werden können ...
H 6.2 EStR	Schuldübernahmen	... rechnen zu den Anschaffungskosten ...
H 6.2 EStR	Skonto	... erst im Zeitpunkt einer tatsächlichen Inanspruchnahme ...
H 6.2 EStR	Zuzahlung des Veräußerers	... führen nicht zum passiven Ausweis "negativer Anschaffungskosten".
R 6.3. Abs. 1 EStR	Herstellungskosten	... Herstellungskosten ... sind auch angemessene Teile der notwendigen Materialgemeinkosten und Fertigungsgemeinkosten ... sowie der Wertverzehr von Anlagevermögen ...
R 6.3. Abs. 2 EStR	Herstellungskosten Nebenkosten	... folgende Kostenstellen: - Lagerhaltung, Transport und Prüfung des Fertigungsmaterials, - ... Kontrolle der Fertigung, - Werkzeuglager ...
R 6.3. Abs. 4 EStR	Herstellungskosten Werteverzehr	... Werteverzehr des Anlagevermögens ... Anlagevermögens als AfA berücksichtigt ist. ... [5] ... Wirtschaftsgütern i.S.d. § 6 Abs. 2 oder 2a EStG darf nicht in die Berechnung der Herstellungskosten der Erzeugnisse

		einbezogen werden.
R 6.3. Abs. 5 EStR	Herstellungskosten Fremdkapitalzinsen	... handelsrechtliche Bewertungswahlrecht ... Fremdkapitalzinsen...
H 6.3 EStR	Kalkulatorische Kosten	... sind nicht tatsächlich entstanden und rechnen deshalb nicht zu den Herstellungskosten.
H 6. 4. EStR	Abbruchkosten bereits gehörendes	... Fälle zu unterscheiden: Nr. 1. ... Gebäude auf einem ihm bereits gehörenden Grundstück errichtet,
H 6. 4. EStR	Abbruchkosten Abbruchabsicht	Nr. 2. ... Gebäude in der Absicht erworben, es als Gebäude zu nutzen (Erwerb ohne Abbruchabsicht),
H 6. 4. EStR	Abbruchkosten Erwerb mit Abbruchabsicht	Nr. 3. ... Gebäude zum Zweck des Abbruchs erworben (Erwerb mit Abbruchabsicht),
H 6. 4. EStR	Abbruchkosten Privatvermögen - Betriebsvermögen Abbruchabsicht	Nr. 4. ... plant den Abbruch eines zum Privatvermögen gehörenden Gebäudes und die Errichtung eines zum Betriebsvermögen gehörenden Gebäudes (Einlage mit Abbruchabsicht),
H 6. 4. EStR	Abbruchkosten Teilabbruch	... ... Nummern 1 und 2 sind im Jahr des Abbruchs die Abbruchkosten und der Restbuchwert des abgebrochenen Ge-

		bäudes sofort abziehbare Betriebsausgaben ... ... einem in Teilabbruchabsicht erworbenen Gebäude ... ... entfallenden Abbruchkosten und der anteilige Restbuchwert sind ggf. im Wege der Schätzung zu ermitteln ...
H 6. 4. EStR	Abbruchkosten Voraussetzungen	... Nummer 3 gilt Folgendes:
H 6. 4. EStR		a) ... technisch oder wirtschaftlich nicht verbraucht ... neuen Wirtschaftsguts in einem engen wirtschaftlichen Zusammenhang steht, zu den Herstellungskosten dieses Wirtschaftsguts ... ... Teilabbruchabsicht erworbenen Gebäude ...
H 6. 4. EStR	Abbruchkosten Objektiv wertlos	b) ... objektiv wertlos ... Anschaffungspreis auf den Grund und Boden ...
H 6. 4. EStR	Abbruchkosten Drei Jahren	... innerhalb von drei Jahren ... ersten Anscheins ... in der Absicht erworben ... [3]... Nummer 4 gehören der Wert des abgebrochenen Gebäudes und die Abbruchkosten zu den Herstellungskosten des neu zu errichtenden Gebäudes; der Einlagewert des Gebäudes ist nicht schon deshalb mit 0 Euro anzusetzen, weil sein Abbruch beabsichtigt ist ...
R 6.5 Abs. 1 EStR	Zuschüsse für Anlagegüter;	... Vermögensvorteil, den ein Zuschussgeber zur Förderung eines - zumindest auch

	Begriff des Zuschusses	- in seinem Interesse liegenden Zwecks dem Zuschussempfänger zuwendet.
R 6.5 Abs. 2 EStR	Wahlrecht	... [2] Er kann die Zuschüsse als Betriebseinnahmen ansetzen; in diesem Fall werden Anschaffungs- und Herstellungskosten der betreffenden Wirtschaftsgüter durch die Zuschüsse nicht berührt. [3] Er kann die Zuschüsse aber auch erfolgsneutral behandeln; in diesem Fall dürfen die Anlagegüter, für die die Zuschüsse gewährt worden sind, nur mit den Anschaffungs- oder Herstellungskosten bewertet werden, die der Stpfl. selbst, also ohne Berücksichtigung der Zuschüsse aufgewendet hat.
H 6.5. EStR	Investitionszulagen sind keine Zuschüsse	... § 13 InvZulG 2010
R 6.6 EStR	Übertragung stiller Reserven bei Ersatzbeschaffung	... vermieden werden
R 6.6 Abs. 1 EStR	Allgemeines	[2]... Voraussetzung ist, dass Nr. 1. ... Anlage- oder Umlaufvermögens ...
	Frist	Nr. 2. innerhalb einer bestimmten Frist ...
	Frist	Nr. 3. ... besonderes laufend zu führendes Verzeichnis aufgenommen wird

H 6.6. Abs. 1 EStR	Entschädigung	... (z.B. Entschädigungen für künftige Nachteile beim Wiederaufbau, Ertragswertentschädigung für die Beeinträchtigung des verbleibenden Betriebs); ausnahmsweise können auch Zinsen in die Entschädigung im Sinne von R 6.6. Abs. 1 einzubeziehen sein ...
H 6.6. Abs. 1 EStR	Ersatz-wirtschaftsgut	... setzt nicht nur ein der Art nach funktionsgleiches Wirtschaftsgut voraus, es muss auch funktionsgleich genutzt werden ...
R 6.6 Abs. 4 EStR	Rücklage für Ersatzbeschaffung	... [3] ... ist am Schluss des ersten auf ihre Bildung folgenden Wirtschaftsjahres gewinnerhöhend aufzulösen, wenn bis dahin ein Ersatzwirtschaftsgut weder angeschafft noch hergestellt worden ist. ... [5] ... wenn der Stpfl. glaubhaft macht, dass die Ersatzbeschaffung noch ernstlich geplant und zu erwarten ist, aber aus besonderen Gründen noch nicht durchgeführt werden konnte.
H 6.7 EStR	Halbfertige Bauten auf fremden Grund und Boden	... Eine Teilwertabschreibung auf halbfertige Bauten auf fremden Grund und Boden ist hinsichtlich des gesamten Verlusts aus dem noch nicht abgewickelten Auftrag bis zur Höhe der aktivierten Herstellungskosten zulässig ...

		Die Höhe der Teilwertabschreibung ist nach der retrograden Bewertungsmethode ... zu ermitteln. Eine Teilwertabschreibung ist regelmäßig nicht zulässig, wenn - die Verpflichtung zur Fertigstellung des Bauvorhabens entfallen ist, ... - ... verlustbringend kalkuliert werden ...
H 6.7 EStR	Teilwertabschreibungen	... Die Teilwertabschreibung hat gegenüber der Drohverlustrückstellung Vorrang. Das Verbot der Rückstellungen für drohende Verluste (§ 5 Abs. 4a Satz 1 EStG) erfasst nur denjenigen Teil des Verlustes, der durch die Teilwertabschreibung nicht verbraucht ist ...
H 6.7 EStR	Teilwertvermutungen	Nr. 4. ... Umlaufvermögens entspricht der Teilwert grundsätzlich den Wiederbeschaffungskosten. Der Teilwert von zum Absatz bestimmten Waren hängt jedoch auch von deren voraussichtlichem Veräußerungserlös ... ab ...
H 6.7 EStR	Überpreis	... Teilwertvermutung gilt auch bei Zahlung eines Überpreises. ... keine Teilwertabschreibung auf den niedrigeren Vergleichswert zu einem späteren Bilanzstichtag. ... ... einer aus anderen Gründen gerechtfer-

		tigten Teilwertabschreibung ... Vergleichswert entspricht ...
H 6.7 EStR	Verlustprodukte	... bei sog. "bewussten Verlustprodukten" jedenfalls dann nicht zulässig, wenn das Unternehmen Gewinne erzielt ...
R. 6.8 Abs. 2 EStR	Bewertung des Vorratsvermögens; Niedrigerer Teilwert	... [3] Sind Wirtschaftsgüter des Vorratsvermögens, die zum Absatz bestimmt sind, durch Lagerung, Änderung des modischen Geschmacks oder aus anderen Gründen im Wert gemindert, ist als niedrigerer Teilwert der Betrag anzusetzen, der von dem voraussichtlich erzielbaren Veräußerungserlös nach Abzug des durchschnittlichen Unternehmergewinns und des nach dem Bilanzstichtag noch anfallenden betrieblichen Aufwands verbleibt.
R. 6.8 Abs. 3 EStR	Einzelbewertung	... [2] ... Bilanzstichtag Wirtschaftsgüter, die im Verkehr nach Maß, Zahl oder Gewicht bestimmt werden ... Schwankungen der Einstandspreise ... nicht mehr einwandfrei feststellbar sind ... zu schätzen. [3] ... Durchschnittsbewertung ...
R. 6.8 Abs. 4 EStR	Gruppenbewertung	... Wirtschaftsgüter des Vorratsvermögens jeweils zu einer Gruppe zusammengefasst und mit dem gewogenen Durchschnittswert angesetzt werden. [2] Die Gruppenbildung und Gruppenbewertung darf nicht gegen die Grundsätze ordnungsgemäßer Buchführung verstoßen.

H 6.8 EStR	Retrograde Bewertungsmethode	... verlustfreie Bewertung... technisch schwierig ...
R 6.9 Abs. 4 EStR	Bewertung nach unterstellten Verbrauchs- und Veräußerungsfolgen; Methoden der Lifo-Bewertung	... [5] ... Mehrbestände ist von den Anschaffungs- und Herstellungskosten der ersten Lagerzugänge des Wirtschaftsjahres oder von den durchschnittlichen Anschaffungs- oder Herstellungskosten aller Zugänge des Wirtschaftsjahres auszugehen. [6] Minderbestände sind beginnend beim letzten Layer zu kürzen.
H 6.10 EStR	Anschaffungskosten	... einer Verbindlichkeit gilt der Nennwert (Rückzahlungsbetrag) der Verbindlichkeit ...
R 6.11 Abs. 1 EStR	Bewertung von Rückstellungen; Gegenrechnung von Vorteilen	Die Gegenrechnung setzt voraus, dass am Bilanzstichtag nach den Umständen des jeweiligen Einzelfalls mehr Gründe für als gegen den Eintritt des Vorteils sprechen.
R 6.11 Abs. 2 EStR	Ansammlung	... ursächlich für die Entstehung der Verpflichtung ist, ist der Rückstellungsbetrag durch jährliche Zuführungsraten in den Wirtschaftsjahren anzusammeln. [2] ... Fall bei Verpflichtungen zur Erneuerung oder zum Abbruch von Betriebsanlagen.
H 6.11 EStR	Rückgriffsansprüche	(Unbestrittene) Rückgriffsansprüche sind bei der Bewertung von Rückstellungen zu berücksichtigen, wenn sie nicht ... mit der drohenden Inanspruchnahme stehen, dass sie dieser wenigstens teilweise spie-

		gelbildlich ... Erfüllung der Verbindlichkeit zwangsläufig nachfolgen und sie vollwertig sind ...
H 6.12 EStR	Teilwert	... ... geschenktes Wirtschaftsgut ist auch dann mit dem Teilwert ins Betriebsvermögen des Beschenkten einzulegen, wenn der Schenker das eingelegte Wirtschaftsgut innerhalb der letzten drei Jahre vor der Einlage angeschafft, hergestellt oder entnommen hat ...
R 6 a Abs. 1 EStR	Zulässigkeit von Pensionsrückstellungen	... [3] Für laufende Pensionen und Anwartschaften auf Pensionen, die vor dem 1.1.1987 rechtsverbindlich zugesagt worden sind (Altzusagen), gilt nach Artikel 28 des Einführungsgesetzes zum HGB ... weiterhin das handels- und steuerrechtliche Passivierungswahlrecht; insoweit sind die Anweisungen in Abschnitt 41 EStR 1984 mit Ausnahme des Absatzes 24 Satz 5 und 6 weiter anzuwenden. ... [5] ... unmittelbaren Zusage nach dem 31.12.1986 erworben hat (Neuzusagen), gelten die folgenden Absätze.
R 6 a Abs. 8 EStR	Beherrschende Gesellschafter-Geschäftsführer von Kapitalgesellschaften	... für Geburtsjahrgänge ... Pensionsalter ...
H 6 b.1 EStR	Tausch	... Hingabe eines betrieblichen Wirtschaftsguts setzt die Inanspruchnahme

		des § 6b EStG voraus, dass der Anspruch auf das eingetauschte Wirtschaftsgut (zunächst) Betriebsvermögen wird ...
R 6 b.2. Abs. 6 EStR	Übertragungs- möglichkeiten Einzelunternehmen	... Einzelunternehmen geführten ... Wirtschaftsgüter übertragen, die Nr. 1 ... demselben oder einem anderen als Einzelunternehmen geführten Betrieb des Stpfl. gehören oder
R 6 b.2. Abs. 6 EStR	Übertragungs- möglichkeiten Personengesellschaft	Nr. 2 ... Personengesellschaft gehören, an der der Stpfl. als Mitunternehmer beteiligt ist ... Wirtschaftsgüter dem Stpfl. als Mitunternehmer zuzurechnen sind.
R 6 b.2. Abs. 6 EStR	Übertragungs- möglichkeiten SBV	[2]... Sonderbetriebsvermögen ...
R 6 b.2. Abs. 6 EStR	Übertragungs- möglichkeiten SBV	Nr. 1 ... Sonderbetriebsvermögen ...
R 6 b.2. Abs. 6 EStR	Übertragungs- möglichkeiten GHV	Nr. 2 ... Gesamthandsvermögen ...
R 6 b.2. Abs. 6 EStR	Übertragungs- möglichkeiten	Nr. 3 ... Einzelunternehmen geführten Betrieb
R 6 b.2	Übertragungs-	... Gesamthandsvermögen einer Perso-

Abs. 7 EStR	möglichkeiten GHV	nengesellschaft gehört, kann übertragen werden
R 6 b.2 Abs. 7 EStR	Übertragungs-möglichkeiten GHV Personengesell-schaft	1. auf Wirtschaftsgüter, die zum Gesamthandsvermögen der Personengesellschaft gehören,
R 6 b.2 Abs. 7 EStR	Übertragungs-möglichkeiten SBV Personengesell-schaft	2. ... die zum Sonderbetriebsvermögen eines Mitunternehmers der Personengesellschaft gehören ...
R 6 b.2 Abs. 7 EStR	Übertragungs-möglichkeiten Anderes Einzelun-ternehmen	3. ... eines anderen als Einzelunternehmen geführten Betriebs ...
R 6 b.2 Abs. 7 EStR	Übertragungs-möglichkeiten SBV Mitunternehmer	4. ... § 6b Abs. 4 Satz 2 EStG ... einer anderen Personengesellschaft oder zum Sonderbetriebsvermögen des Mitunternehmers ... zuzurechnen sind ...
R 6b.2 Abs. 8 EStR	Übertragungs-möglichkeiten Kapitalkonten	... anderen Betriebs des Spfl. berücksichtigt, ist er erfolgsneutral dem Kapitalkonto der für den veräußernden Betrieb aufzustellenden ... [2]... erfolgsneutral ... abzusetzen.
R 6b.2 Abs. 10 EStR	Rücklage bei Be-triebsveräußerung	... § 6b Abs. 3 oder Absatz 10 EStG gehört, oder bildet er ... weiterführen, für die sie ohne Veräußerung des Betriebs ... ... [3] ... keine stillen Reserven enthält ...

R 6b.3 Abs. 5 EStR	Sechs-Jahres-Frist im Sinne des § 6b Abs. 4 Nr. 2 EStG	... Besitzzeit des Rechtsvorgängers der Besitzzeit des Rechtsnachfolgers hinzuzurechnen.
R 7.1 Abs. 1 EStR	Abnutzbare Wirtschaftsgüter; Allgemeines	... Nr. 3. unbewegliche Wirtschaftsgüter, die keine Gebäude oder Gebäudeteile sind ...
R 7.1 Abs. 6 EStR	Gebäude und Gebäudeteile	... unbeweglichen Wirtschaftsgütern im Sinne des § 7 Abs. 5a EStG gehören insbesondere Mietereinbauten und -umbauten ... keine Scheinbestandteile oder Betriebsvorrichtungen sind, Ladeneinbauten und ähnliche Einbauten ...
H 7.1	Domain-Namen	... Domaininhaber geleistet werden, sind Anschaffungskosten für ein in der Regel nicht abnutzbares immaterielles Wirtschaftsgut ...
H 7.1 EStR	Unbewegliche Wirtschaftsgüter, die keine Gebäude oder Gebäudeteile sind	... Einfriedungen bei Betriebsgrundstücken ... Hof- und Platzbefestigungen, Straßenzufahrten und Umzäunungen bei Betriebsgrundstücken ...
R 7.3. Abs. 4 EStR	Bemessungsgrundlage für die AfA; Zuschüsse, Übertragung stiller Reserven	... nach R 6.5 erfolgsneutral behandelt ... R 6.6 vorgenommen, ist die AfA von den um den Zuschuss oder Abzugsbetrag geminderten Anschaffungs- oder Herstellungskosten zu bemessen.

R 7.4. Abs. 2 EStR	Höhe der AfA; AfA im Jahr der Anschaffung, Herstellung oder Einlage	... vermindert sich zeitanteilig für den Zeitraum ... Wirtschaftsgut nach der Anschaffung oder Herstellung nicht zur Erzielung von Einkünften verwendet wird ...
R 7.4. Abs. 9 EStR	AfA nach nachträglichen Anschaffungs- oder Herstellungskosten	... [3] Bei der Bemessung der AfA für das Jahr der Entstehung von nachträglichen Anschaffungs- und Herstellungskosten sind diese so zu berücksichtigen, als wären sie zu Beginn des Jahres aufgewendet worden.
H 7.4. EStR	Fertigstellung	... ist fertig gestellt, sobald es seiner Zweckbestimmung entsprechend genutzt werden kann ... ... wesentlichen Bauarbeiten abgeschlossen sind und der Bau so weit errichtet ist, dass der Bezug der Wohnungen zumutbar ist ...
H 7.4. EStR	Mietereinbauten	... die kein Scheinbestandteil oder Betriebsvorrichtungen sind, bestimmt sich die AfA abweichend von Nr. 10 des BMF Schreibens vom 15.1.1976 ... nach den für Gebäude geltenden Grundsätzen ...
H 7.4. EStR	Unterlassene oder überhöhte AfA	AfA - Allgemein ... unterblieben, kann sie in der Weise nachgeholt werden ...
H 7.4. EStR	Unberechtigte Steuervorteile	... dadurch unberechtigte Steuervorteile zu erlangen ... darf nicht nachgeholt werden ...

DÜRCKHEIM VERLAG